El pastor Jim Raley es un amigo querido así como un pastor ungido. Le animo a leer este su libro *Los asesinos de sueños* porque será un desafío y una inspiración para seguir soñando los sueños que Dios le ha dado hasta que se conviertan en realidad. La enseñanza basada en la vida de José le hará contemplar sus circunstancias de manera diferente, y reconocer las personas y situaciones que tratan de robar, matar y destruir sus sueños. Es un mensaje que me llega al corazón como fundador del Dream Center. Escogimos ese nombre para el centro porque yo creo de todo corazón que Dios puede ayudar a cualquiera a vencer los obstáculos más increíbles mientras les restaura y les cumple los sueños. Si usted quiere lograr el propósito de Dios en su vida y vivir sus sueños, ¡necesita leer este libro!

—TOMMY BARNETT
PASTOR PRINCIPAL DE *PHOENIX FIRST ASSEMBLY*
Y FUNDADOR DE *LOS ANGELES DREAM CENTER*

LOS ASESINOS DE SUEÑOS

JIM RALEY

CASA
CREACIÓN

La mayoría de los productos de Casa Creación están disponibles a un precio con descuento en cantidades de mayoreo para promociones de ventas, ofertas especiales, levantar fondos y atender necesidades educativas. Para más información, escriba a Casa Creación, 600 Rinehart Road, Lake Mary, Florida, 32746; o llame al teléfono (407) 333-7117 en Estados Unidos.

Los asesinos de sueños por Jim Raley
Publicado por Casa Creación
Una compañía de Charisma Media
600 Rinehart Road
Lake Mary, Florida 32746
www.casacreacion.com

A menos que se indique lo contrario, el texto bíblico ha sido tomado de la versión Reina-Valera © 1960 Sociedades Bíblicas en América Latina; © renovado 1988 Sociedades Bíblicas Unidas. Utilizado con permiso.

Visite la página web del autor: www.calvaryfl.com

Traducido por: Signature Translations
Director de arte: Bill Johnson

Originally published in the U.S.A. under the title: *Dream Killers*
Published by Charisma House, a Charisma Media Company, Lake Mary, FL 32746 USA
Copyright © 2013 Jim Raley

Library of Congress Control Number: 2013945761
ISBN: 978-1-62136-426-9
E-book: 978-1-62136-439-9

Nota de la editorial: Aunque el autor hizo todo lo posible por proveer teléfonos y páginas de Internet correctas al momento de la publicación de este libro, ni la editorial ni el autor se responsabilizan por errores o cambios que puedan surgir luego de haberse publicado.

Impreso en los Estados Unidos de América
13 14 15 16 17 * 5 4 3 2 1

Para mi papá, el soñador más grande que he conocido, un alma dulce y un amor sobre ruedas. Te extraño, mi precioso compañero, y sí, ¡todavía estoy soñando!

Y a todos los ASESINOS DE SUEÑOS en mi vida que me hicieron soñar más allá de donde estaba: ¡gracias! Todavía estoy aquí, todavía estoy soñando… ¡en grande!

Tabla de contenido

Reconocimientos

MUCHAS GRACIAS A LA INCREÍBLE FAMILIA DE LA iglesia Calvary; ¡tengo la bendición de dirigir el grupo de soñadores más asombroso del planeta!

A mis amigos en Charisma House: ¡gracias, gracias, gracias! Ustedes me han ayudado a descubrir al escritor que Dios me ha llamado a ser. Cada libro es un sueño que se despierta.

A mi preciosa familia: Dawn, Courtney, Channing y Peyton: ¡cada vez que los miro a los ojos sé, sin lugar a dudas, que los sueños más grandes sí se hacen realidad!

Introducción

HE ESCUCHADO DECIR QUE NADIE VIVE POR ENCIMA DE lo que sueña. Todos necesitamos soñar porque hay algo en los sueños que alimenta la vida. Un sueño sostiene al alma de la misma manera en que la comida sostiene al cuerpo. Es algo trágico vivir con el alma hambrienta.

Este libro es un alimento para el alma.

Un sueño que no viene de Dios puede a menudo parecer místico o mágico, algo tan distante e inverosímil que parece casi inalcanzable. Pero todo cambia cuando su sueño viene de Dios.

Los sueños que vienen de Dios al principio parecen imposibles y poco probables, pero con el tiempo se vuelven inevitables. Estos sueños son increíbles porque no ocurren por casualidad; ocurren por elección. Dios elige dárnoslos y usted elige soñarlos. Este grande y poderoso Dios ha diseñado grandes y poderosos sueños para todas las personas en todas las etapas de la vida. ¡No ha dejado a nadie fuera, ni siquiera a usted!

Dios lo diseñó y creó no solo para soñar sino para soñar en grande. Cada vez que usted sueña en grande, está practicando y ensayando su futuro. Es importante darse cuenta de que si Dios le dio un sueño, entonces Él está a favor suyo y de su sueño. Y si Dios está con nosotros y con nuestros sueños, ¿quién contra nosotros?

No se sorprenda ni se alarme al descubrir que cuando tiene un sueño, los asesinos de sueños se levantan en su contra. Todos los soñadores tienen que lidiar con los asesinos de sueños. Los asesinos de sueños a menudo se disfrazan de situaciones, circunstancias, amigos cercanos o hasta miembros de la familia. También pueden ser su pasado, su orgullo, su temor, o incluso usted mismo. Independientemente de qué o quiénes son, lo equiparemos para que sepa cómo vencer a todos los asesinos de sueños en su vida.

En las páginas de este libro descubrirá el poder de un sueño, aprendiendo de primera mano de uno de los grandes soñadores de la historia, José. Si nunca ha leído su historia, le animo a que la busque en la Biblia. La puede encontrar en el libro de Génesis, desde el capítulo 37 hasta el capítulo 50. José nunca permitió que sus circunstancias le impidieran soñar en grande y apuntar alto. Contra toda probabilidad, venció a todos los asesinos de sueños que tuvo que enfrentar.

José logró cosas grandes porque soñó cosas grandes.

Cuando la vida se termine, nunca más tendrá la esperanza de convertirse en algo más que aquello que tuvo la audacia de soñar, así que si va a soñar, ¡entonces sueñe en grande!

Mi precioso soñador con sus preciosos sueños, su destino es demasiado grande, su futuro demasiado prometedor y su propósito demasiado poderoso como para caer víctima de algún asesino de sueños. Desde hoy en adelante usted va a ver con claridad a las personas y las situaciones que intentan asesinar sus sueños. Va a aprender cómo evadir esos asesinos de sueños y tendrá la seguridad de que la victoria y el objetivo estén en el horizonte.

Lo mejor de su vida futura se encuentra en sus sueños y su futuro comienza hoy.

¡Empecemos el viaje!

Capítulo 1

Atrévase a soñar en grande

Y amaba Israel a José más que a todos sus
hijos, porque lo había tenido en su vejez; y
le hizo una túnica de diversos colores.

• *Génesis 37:3* •

SOY UN HIJO MIMADO, A PESAR DE QUE TENGO UNA
hija de veinte años, otra de catorce y un hijo de siete años.
Aunque mi padre ha vivido en el cielo desde el 2005 y soy un
hombre adulto, todavía hoy soy un hijo mimado. Irónicamente, estoy escribiendo estas palabras el sábado por la noche,
justo antes del Día de los Padres. Y mientras estoy aquí sentado, preparando este libro acerca de los asesinos de sueños,
no puedo evitar acordarme del soñador más grande que he conocido, mi papá. Lo amé mucho y todavía lo extraño cada día.

La vida nunca le tendió una mano a mi papá, pero él
siempre sostuvo la mía. Nunca tuvo muchas cosas. Tuvo que
dejar la escuela en octavo grado para ayudar a cuidar de su
familia. Pastoreó su primera iglesia cuando tenía diecisiete

años y predicó el evangelio durante cincuenta y cinco años. Crecí en casas pastorales (¡cada una peor que la anterior!) y vi a mi papá soñar en grande dondequiera que iba. Sin importar cuán difíciles se pusieran las cosas en nuestras iglesias, papá siempre estaba soñando con aquel gran acontecimiento que estaba a punto de suceder en su ministerio. Tuvo la valentía de soñar en los tiempos más difíciles. Sus sueños eran contagiosos y empecé a soñar junto con él. ¡Y nunca he dejado de hacerlo!

Nunca lo olvide, ¡los sueños son contagiosos!

José también era un hijo mimado. La Biblia afirma que Israel (Jacob) amó a José más que al resto de sus hijos. José era el hijo número once de Jacob y el primer hijo del amor de su vida, Raquel.

José era especial para su padre. Él lo sabía y también lo sabía el resto de la familia. Jacob reafirmó esto al darle a su hijo favorito una túnica especial, una túnica de muchos colores. Para el resto de sus hermanos, esta túnica significaba que a José lo habían apartado y que era diferente. Aquellos que tienen grandes sueños y grandes destinos dentro de ellos tienen que estar preparados y dispuestos para apartarse y, en la mayoría de los casos, ser diferentes. Un sueño verdaderamente inspirado por Dios tendrá estos requisitos.

Como creyente usted se ha apartado de este mundo y, gústele o no, es diferente. Su Padre celestial no le ha dado una túnica de muchos colores sino una túnica de su preciosa unción y su poderosa presencia. Por eso usted es diferente y esa diferencia lo desafía y lo presiona para que sueñe mucho más allá del estado de cosas.

Los grandes soñadores hacen las cosas diferentes de otras personas. Para atreverse a soñar *en grande*, la diferencia es lo que hace que las imposibilidades se conviertan en realidad. A la estrella de baloncesto Michael Jordan lo echaron del equipo de baloncesto del colegio. Sin embargo, no se rindió. Su filosofía: "Yo juego para ganar. El día que deje de mejorar es el día que dejo el juego".[1] No solo tenía un sueño. Se empeñó en hacer trescientas canastas al día y su sueño se hizo realidad.

Usted debe tener la visión para ver su potencial y la fe para creer que puede alcanzar sus sueños. Dios lo ha diseñado para que sueñe en grande. José tuvo la valentía para conquistar su sueño a pesar de lo que otros pensaban acerca de él. Decidió abrazar lo que Dios le estaba mostrando. Pero, ¿qué marcó la diferencia? José abrazó su sueño sin saber el viaje que tenía poder delante para llegar a su destino. Aquel que nunca comienza nada está destinado a ser un perdedor.

Dios imparte la visión.

Usted se atreve a soñar.

Así que sueñe *en grande*.

No se trata de *quién* es usted sino *a quién le pertenece*

Los creyentes que no están soñando en grande han perdido de vista el hecho de que el Padre celestial los ha apartado y que ese solo hecho los hace diferentes. Aquello que apartó a José no era tanto la realidad de *quién* era sino de *a quién pertenecía*. Era el hijo de Raquel, el encanto de su padre, nacido de un gran amor y eso lo hacía especial y único. Y lo que lo hace a usted especial y único no es *quién* es, sino *a quién le pertenece*.

Hace mucho tiempo el profeta lo dijo mejor cuando declaró:

> Yo te redimí; te puse nombre, *mío* eres tú.
>
> —Isaías 43:1, énfasis añadido

Usted no solo ha nacido sino que ha nacido otra vez, del gran amor del Padre. *"Porque de tal manera amó Dios al mundo"* (Juan 3:16, énfasis añadido). Dios no simplemente lo ama, sino que lo ama *de tal manera*. Lo ama con un amor rotundo e intenso.

Una de las razones por las que José se atrevió a soñar en grande fue debido a su conocimiento y conciencia en cuanto a quién pertenecía. Algo acerca de aquella verdad apremiante en su vida lo capacitó para ser un hombre de grandes sueños y grandes aspiraciones. Como hijo del Dios Todopoderoso, cuando usted se da cuenta no tanto de quién es, sino de a pertenece, todo cambia. No se sentirá satisfecho con soñar un pequeño sueño insignificante y aburrido. Por el contrario, *se atreverá a soñar en grande*.

Si puede lograr el sueño por sus propias fuerzas, hay grandes probabilidades de que sea idea suya y no un sueño de Dios.

Este niño estaba soñado con el sol, la luna y las estrellas. ¡Sus sueños eran literalmente algo fuera de este mundo! Estaba soñando en otro nivel, en otra dimensión, más allá de lo que era, de quién era, e incluso más allá de donde estaba en aquel preciso momento de su vida. Dios quiere darle a usted un sueño que va más allá de su actual forma de pensar, de su mentalidad en el presente e incluso de su realidad presente.

El reto es llegar al lugar en el que, de hecho, esté dispuesto a creer que un sueño aparentemente asombroso e increíble puede en realidad venir de parte de Dios para usted. Un sueño inspirado por Dios lo exhorta a salir de su mundo mediocre y corriente y entrar a su mundo maravilloso y glorioso. La verdad es que cuando Dios le da un sueño, ¡puede tener la seguridad de que es un sueño grande! Si puede lograr el sueño por sus propias fuerzas, hay grandes probabilidades de que sea idea suya y no un sueño de Dios.

Incluso el nombre José dice mucho acerca de quién fue este hombre y del increíble destino que le esperaba en su vida. La definición literal del nombre José es esta: "Jehová ha añadido".[2] Su nombre implica fuertemente que era un regalo de Dios. Cada vez que uno de sus hermanos o cualquier persona se dirigía a él, tenían que llamarlo por su nombre: "Jehová ha añadido". ¿Cree que hubo momentos en que los hermanos de José (en su frustración y enojo) le dijeron: "¿Quién te crees que eres, el regalo de Dios para esta familia?"?

A lo que José pudo haber respondido: "Bueno, sí. Sí lo soy". Y para el final de la historia, cuando estaban a punto de morir de hambre debido a una horrible y devastadora hambruna, ¡se hizo muy claro que este poderoso soñador era realmente un regalo directamente de parte de Jehová para su familia!

Como soñador, usted es un regalo de Dios para alguien en su vida. Una de las cosas más esenciales que debe tener en cuenta y considerar es cómo su sueño influirá en otros. El sueño de José solo se le dio *a* él, pero no era solo *para* él, algo que sus hermanos no entendieron hasta muchos años después. De hecho, el sueño tenía mucho más que ver con ellos de lo que eran capaces de entender.

Su sueño va más allá de su mundo, toca su futuro y su propósito se puede manifestar en otros que, de otra forma, perderían una bendición. Su sueño es un regalo que se da continuamente. Deje de soñar y alterará el curso de los eventos futuros que se pretende que traigan esperanza y provisión a las generaciones futuras. Comience a soñar y espere un futuro mejor y más brillante.

Imagine si José no hubiera tenido la determinación y la

fuerza interior para seguir su sueño hasta convertirse en una realidad manifiesta. Una nación entera hubiera pagado el precio. Generaciones de personas nunca hubieran existido porque su familia habría muerto de hambre.

La nación de Israel vive hoy y el Redentor de la humanidad nació porque un hombre se atrevió a soñar en grande y a perseguir luego ese sueño hasta que se hizo realidad.

Armado con esa revelación, debe contestar algunas preguntas intensas: ¿Quién está esperando que usted sueñe en grande? ¿Quién sufrirá si usted no sueña en grande y luego lucha para hacer que ese sueño se convierta en realidad? Alguien en algún lugar depende de usted y de su sueño. A menos que su sueño grande se cumpla, todo podría estar perdido para ellos.

Piense en los grandes soñadores de la historia. ¿Qué tal si Martin Luther King Jr. no hubiera soñado en grande? ¿Dónde estaría nuestra nación en lo que respecta a los derechos civiles? ¿Qué tal si Tomas Edison no hubiera soñado en grande? ¡Puede que todavía estuviéramos en la oscuridad! ¿Y qué hay sobre los grandes líderes cristianos del pasado? ¿Dónde estaría la iglesia sin personas como Martín Lutero, Juan Wesley, Jonathan Edwards, Smith Wigglesworth, William J. Seymour, Aimee Semple McPherson y tanto otros que tuvieron el valor de soñar en grande con respecto a las cosas de Dios? ¿En qué condición estaría la iglesia sin grandes soñadores?

De una forma u otros todos nos hemos beneficiado con los sueños grandes de otra persona. En este mundo de "todo se trata de mí" en que vivimos hoy, hemos asumido por error que nuestros sueños son solo para nosotros y sobre nosotros. La realidad, sin embargo, es prácticamente lo contrario.

En última instancia, un verdadero sueño del corazón de Dios tiene mucho más que ver con levantar, bendecir y ayudar a otros. Hay una posibilidad real de que si su sueño lo bendice a usted y solo a usted, ¡entonces Dios no es la fuente de sus sueños! *Los sueños de Dios* son aquellos que cuando se cumplen afectan e influyen en otros.

Hay una posibilidad real de que si su sueño lo bendice a usted y solo a usted, ¡entonces Dios no es la fuente de sus sueños!

Los grandes sueños implican grandes riesgos. El cofundador de Southwest Airlines, Herb Kelleher, estuvo dispuesto a arriesgar su carrera durante cuatro años (y su propio dinero) mientras batallaba en los tribunales para levantar a Southwest Airlines.

A pesar de que otras aerolíneas de la competencia batallaban en contra de Southwest legalmente, Kelleher estuvo dispuesto a arriesgarlo todo para "pelear la buena batalla".[3] ¿Por qué? Porque creía tan firmemente en el sueño que nada más importaba.

Pablo Picasso dijo en cierta ocasión: "Todo lo que usted pueda imaginar es real".[4] Si todo lo que usted pueda imaginar es real y usted puede comenzar el proceso de creación solo con soñarlo, ¿por qué no soñar en grande?

Preste mucha atención a la situación de José. En la época en que estaba bajo los ataques más intensos, ¡estaba soñando por aquellos que ni siquiera estaban soñando por sí mismos! Es por eso que cuando usted sueña, tiene que *soñar en grande.*

¡Puede que Dios le esté dando a usted un sueño por alguien que no está dispuesto o que no puede soñar por sí mismo! Aquellos de ustedes que tienen hijos realmente pueden captar y entender este concepto. Mucho antes de que sus hijos tengan la madurez suficiente para soñar por ellos mismos, ¡usted sueña por ellos! Sueña con su éxito, sueña con su felicidad, sueña con su alegría y su futuro. Sueña con un mañana victorioso y productivo para ellos cuando todavía no son capaces de ver más allá de su presente.

En realidad, un sueño que lo incluye solo a uno mismo no es un sueño grande. Aquellos que sueñan solo para sí mismos no están soñando en grande. Los sueños que solo son para el servicio y el consumo personal son, de hecho, los sueños más pequeños de todos. Los sueños más grandes, los sueños mejores, son aquellos que terminan incluyendo, influenciando y bendiciendo a otros.

Como verá en el capítulo siguiente, los sueños son muy poderosos. Decida hoy no desperdiciar el tiempo soñando con algo pequeño e insignificante. Si va a soñar, ¡recuerde *a quién le pertenece*! Y con el poder de ese conocimiento y esa revelación, ¡sea como José y atrévase a *soñar en grande*!

Capítulo 2

El poder de un sueño

Y dijo Faraón a José: Yo he tenido un sueño, y
no hay quien lo interprete; mas he oído decir de
ti, que oyes sueños para interpretarlos.
• *Génesis 41:15* •

ALBERT EINSTEIN, ABRAHAM LINCOLN, DR. MARTIN Luther King Jr., Steve Jobs, Bill Gates, Walt Disney y José: ¿Puede adivinar qué tienen en común todas estas personas? Todos fueron soñadores prolíferos.

Es imposible describir adecuadamente el poder de un sueño. Cuando Walt Disney hablaba de soñar, enfatizaba este hecho. Decía: "Si puede soñarlo, puede hacerlo. Recuerde siempre que todo esto comenzó con un sueño y un ratón".[1] La gran influencia del imperio Disney comenzó con el sueño de un hombre. La compañía Walt Disney ganó casi $43 mil millones durante el año fiscal del 2012.[2]

Los sueños son cosas poderosas.

Sin sueños no habría bombillos, aviones, trenes o sistemas

interestatales. Imagínese una vida sin teléfonos, computadoras, plomería ni automóviles.

Los grandes soñadores cambian el mundo y lo convierten en un lugar mejor. ¡No subestime el poder de un sueño, especialmente el suyo!

Dios puede liberar en su vida un sueño tan poderoso que se manifestará de una forma mucho más poderosa de la que jamás imaginó. José tuvo un sueño tan explosivo que lo lanzó a una promoción sobrenatural.

Dios le mostró a José la promesa del sueño pero no el proceso. Él debía vivir el proceso.

Hace poco, mientras leía otra vez en mi Biblia la historia de José, me llamó la atención algo muy interesante y poderoso. En porciones significativas de las Escrituras que tienen que ver con José, había subtítulos que describían lo que estaba a punto de ocurrir en la historia de su vida. Quiero compartirlos con usted a medida que comienza a adentrarse en la vida de José mientras lee este libro. Creo que le ayudarán a descubrir el poder del sueño de un hombre, incluso cuando parecía que las cosas estaban saliendo mal.

1. **José sueña con grandeza.** Este es el primer subtítulo que aparece en mi Biblia. José tuvo un asombroso y profundo sueño de grandeza. Con toda seguridad, en ese momento estaba emocionado y listo para ver cómo esto se iba a hacer realidad. ¡Tuvo que haber sido un momento muy emocionante!

2. **José es vendido por sus hermanos.** El primer subtítulo se refería al gran sueño de José, ¡el segundo a su horrible pesadilla! Dentro de los primeros doce versículos de Génesis capítulo 37 José tuvo que enfrentar problemas. Fue vendido como esclavo por su propia carne y sangre.

3. **José como esclavo en Egipto.** José había soñado que sería un gran líder, pero en aquel momento era un esclavo. Tuvo que haberse sentido como cualquier cosa menos alguien grande y como nada más lejos de un líder.

4. **Los sueños de los prisioneros.** ¡José interpretó los sueños de los prisioneros solo porque él mismo estaba en la cárcel! Piense en esto: había soñado con grandeza y ahora estaba en prisión después de que lo acusaran falsamente de intento de violación. Las cosas no parecían ir muy bien, ¿cierto? ¡Y todavía usted cree que tiene problemas!

5. **Los sueños de faraón.** Espere un minuto; José tuvo estos grandes y fantásticos sueños y parecía estar dentro de un dilema indetenible de frustración y fracaso. Estaba trabajando en el sueño de todos menos en el suyo propio.

6. **José asciende al poder.** Luego de casi quince años de luchas, finalmente José asciende al poder. ¡Su sueño se hizo realidad!

Hay algunas lecciones muy poderosas que podemos aprender de José y su trayectoria. Dios le dio sueños increíbles y luego pasó un intenso proceso. Dios le mostró a José la promesa del sueño pero no el proceso. Él debía vivir el proceso. Y lo mismo sucede con usted y conmigo.

El sueño que Dios le mostró a José era tan poderoso que pudo sobrevivir incluso en los tiempos más difíciles. Mire el comienzo de José. Comenzó en la tierra de Canaán, con su familia. La palabra *Canaán* significa una tierra baja o un lugar bajo. Antes de elevarse al lugar alto de honor, reconocimiento y posición, tuvo que soportar el lugar bajo.

Todo el mundo atraviesa lugares bajos en el camino hacia el cumplimiento de sus sueños. Es importante destacar que sin los lugares bajos de la vida, no habría lugares altos. En los lugares bajos se gana fortaleza; en los lugares altos se gana perspectiva. José se elevó al lugar alto de autoridad, pero no sin antes soportar los lugares bajos (Canaán) de la vida.

¿Qué tiene que ver el nombre?

También es importante destacar que el faraón le cambió el nombre a José cuando lo promovió.

> Y llamó Faraón el nombre de José, Zafnat-panea; y le dio por mujer a Asenat, hija de Potifera sacerdote de On. Y salió José por toda la tierra de Egipto.
> —GÉNESIS 41:45

El faraón le cambió el nombre a José y lo llamó Zafnat-panea. Sé lo que está pensando. ¿Por qué simplemente no lo llamó Bob? ¡Ese nombre hubiera sido mucho más fácil de pronunciar! Pero, de hecho, el faraón tenía una razón para cambiarle el nombre a José por Zafnat-panea. Cuando el faraón le cambió el nombre a José, estaba describiendo qué y quién creía que era José.

El nuevo nombre de José ofrece una perspectiva increíble de quién era José a los ojos de aquellos que influenciaba. La *Concordancia de Strong* define el significado del nombre Zafnat-panea como "tesoro del descanso glorioso". Es muy fácil entender por qué le dieron este nombre a José cuando lee el siguiente pasaje de las Escrituras que se refiere a la época cuando José interpretó los sueños de Faraón.

> Y dijo Faraón a José: Yo he tenido un sueño, y no hay quien lo interprete; mas he oído decir de ti, que oyes sueños para interpretarlos. Respondió José a Faraón, diciendo: No está en mí; Dios será el que dé respuesta propicia a Faraón.
>
> —GÉNESIS 41:15–16

Entonces Faraón le contó no uno sino los dos sueños a José. De repente todas las miradas se posaron en José para ver si comprendía el significado de los sueños.

> Entonces respondió José a Faraón: El sueño de Faraón es uno mismo; Dios ha mostrado a Faraón lo que va a hacer. He aquí vienen siete años de gran abundancia en toda la tierra de Egipto. Y tras ellos seguirán siete años de hambre; y toda la abundancia será olvidada en la tierra de Egipto, y el hambre consumirá la tierra. Y aquella abundancia no se echará de ver, a causa del hambre siguiente la cual será gravísima. Y el suceder el sueño a Faraón dos veces, significa que la cosa es firme de parte de Dios, y que Dios se apresura a hacerla. Por tanto, provéase ahora Faraón de un varón prudente y sabio, y póngalo sobre la tierra de Egipto. Haga esto Faraón, y ponga gobernadores sobre el país, y quinte la tierra de Egipto en los siete años de la

abundancia. Y junten toda la provisión de estos buenos años que vienen, y recojan el trigo bajo la mano de Faraón para mantenimiento de las ciudades; y guárdenlo. Y esté aquella provisión en depósito para el país, para los siete años de hambre que habrá en la tierra de Egipto; y el país no perecerá de hambre.

—GÉNESIS 41:25, 29–36

José interpretó el sueño de Faraón y gracias a eso Egipto sobrevivió a una espantosa hambruna. No es de sorprender que Faraón viera a José como un tesoro glorioso. Lo veía como alguien que debía ser valorado y apreciado. ¿Puede imaginarse esto? Después de pasar años sintiéndose sin valor y sin ser de ningún provecho para su familia, el hombre más poderoso del mundo en aquel entonces lo llamó tesoro.

Usted y su sueño son valiosos y preciosos. ¡Tiene que perseverar en su objetivo porque en el momento preciso las personas precisas reconocerán este mismo hecho! Había tanto poder en el sueño de José que, cuando este se manifestó, produjo un descanso y un favor gloriosos. Ese es un sueño que vale la pena tener, un sueño que produce descanso glorioso.

No hay casi nada peor que vivir la vida en continuas luchas y peleas. Descansar en Dios es algo formidable. Incluso mientras está leyendo este libro, es tiempo de que crea que el Señor le dará un sueño que le traerá descanso y paz a usted y a aquellos que lo rodean. Es tiempo de que tenga descanso en su mente, descanso en su ministerio, descanso en su familia y descanso en sus finanzas. De hecho, dondequiera que necesite descanso, ¡pídalo ahora en el nombre de Jesús!

Es tiempo de tener sueños productores de vida

Analicemos con un poco más de profundidad este poderoso nombre que le dieron a José. El significado egipcio del nombre *Zafnat-panea* es "salvador de la época".

Había tanto poder en el sueño de José que cuando se cumplió, los egipcios lo vieron como el salvador de la época. Tenían la idea de que sin José y, consecuentemente, sin su sueño, con toda seguridad habrían perecido. Todos nosotros sabemos que Dios era el salvador de aquella época y el salvador de todas las épocas. Pero nunca lo olvide, ¡Dios usó a José y a su sueño maravilloso!

José y su sueño maravilloso produjeron vida para aquellos alrededor de él. Los sueños más poderosos son sueños que producen vida. Su sueño es un sueño inspirado por Dios cuando promueve vida en otros.

Desde una perspectiva hebrea el nuevo nombre de José implicaba que era un "revelador de secretos". José, sin lugar a dudas, estaba increíblemente dotado para interpretar los sueños de otros. Interpretó los sueños del copero y del panadero en la prisión y luego el de Faraón. Entendía exactamente lo que significaban cada uno de sus sueños y lo que estos implicaban.

**Su sueño es un sueño inspirado por Dios
cuando promueve vida en otros.**

Eso fue asombroso. Sin embargo, habría sido algo trágico si hubiera comprendido los sueños de todos los demás pero no hubiera comprendido el suyo propio.

¿Alguna vez ha conocido personas que parecen saber el

camino que deben seguir otras personas pero que no tienen ni idea de cuál es el suyo? Los grandes sueños son más poderosos cuando la persona que los está soñando los comprende plenamente. Es muy importante soñar con claridad. Los sueños imprecisos y vagos crean vidas confusas y desenfocadas.

Esté claro con respecto a sus sueños, con respecto a aquello que desea y a aquello que pretende alcanzar. La claridad es un paso importante hacia la victoria. Una falta de claridad y de transparencia producirá una falta de precisión en lo que respecta a la persecución de sus sueños. Conozca cuáles son sus sueños, por qué los tiene y luego ocúpese de hacerlos realidad.

Otra razón por la que los sueños son tan poderosos es porque los sueños son increíbles forjadores de esperanza. ¿Dónde estaría usted en la vida durante sus épocas más difíciles si no fuera por su habilidad de agarrarse de sus sueños? La esperanza se libera en su vida cuando usted se agarra firmemente de sus sueños.

Muchos de ustedes se están agarrando de la esperanza en este mismo momento. Usted está agarrándose de su sueño con todo el corazón. Puede que se esté agarrando de su sueño acerca de una oportunidad en el ministerio, un asunto familiar, un cambio de carrera, o cualquier otra cosa que sea importante para usted. Cuando mira sus circunstancias, a veces es difícil ver cómo los sueños que Dios le ha dado darán resultado y se materializarán.

Pero aguarde; nada libera tanta esperanza como un sueño.

Un sueño le dice que, a pesar de las apariencias, todavía no se ha terminado todo. Independientemente de lo que esté enfrentando en este momento, todavía no ha llegado el final. Pablo comprendió esto y explicó el poder de la esperanza a la iglesia en Roma, animándolos a mantener la esperanza durante épocas de problemas y persecuciones.

> Gozosos en la esperanza; sufridos en la tribulación; constantes en la oración.
>
> —ROMANOS 12:12

Dijo: "Gozosos en la esperanza". Hay un gran gozo en la esperanza. Una cosa es tener gozo cuando su sueño se hace realidad, pero otra cosa es experimentar gozo a lo largo del proceso. Mantener su sueño crea una atmósfera de gozo incluso cuando las circunstancias no son como para gozarse. Uno de los asesinos de sueños más efectivos es una vida sin gozo. El enemigo va a hacer todo lo que esté a su alcance para robarle cada gota de gozo de su existencia. Cuando le roba el gozo, le roba la esperanza de manera muy eficaz.

Cuando hay una hambruna de esperanza en su vida, sus sueños a menudo se apagan. Decida ahora mismo soñar con esperanza y soñar con gozo. ¡Sea optimista y espere lo mejor!

Una vez escuché una historia acerca de un experimento que se había llevado a cabo con dos niños pequeños, uno optimista y el otro pesimista. Al pequeño niño pesimista le dieron un poni y todo lo que pudo encontrar para decir fueron palabras pesimistas: "Este poni realmente no es mío. Alguien me va a quitar este poni. No puedo alimentar a este poni. De todas formas este poni es muy alto como para que yo lo pueda montar". De su pequeña boca pesimista salió una oración negativa tras otra. A pesar de que siempre había querido un poni, estaba lleno de negatividad.

Al pequeño niño optimista no le dieron un poni sino una habitación totalmente llena de estiércol de caballo. Entró a la habitación y comenzó a andar por ella como si estuviera buscando algo. Estaba riéndose, saltando, chillando y gritando. Uno de los científicos se asombró tanto que le preguntó: "¿Por qué rayos estás tan feliz?"

A lo que el pequeño niño replicó: "Con todo este estiércol, ¡tiene que haber algún caballo por aquí!"

¡Agárrese de su sueño y hágalo con alegría! A nadie le gusta un soñador malhumorado.

Lo que cambia es el viaje, no el sueño

Lo siguiente que hay que destacar es esto: el sueño de José nunca cambió. Lo que Dios le mostró a José exactamente fue exactamente lo que sucedió. José nunca bajó el tono de su sueño ni hizo concesiones o compromisos debido a sus circunstancias. Cuando Dios le da un sueño, tenga la seguridad de que se cumplirá *completamente*.

El viaje nunca cambió el *sueño* de José; el viaje cambió a *José*.

A pesar de que el proceso hacia el cumplimiento de sus sueños fue más intenso que cualquier cosa que José pudo haber imaginado, el viaje nunca cambió su sueño. Sin importar cuán difíciles fueran los tiempos o cuán duras fueran las condiciones en la vida de José, su sueño permaneció firme e inalterable.

El viaje nunca cambió el *sueño* de José; el viaje cambió a *José*.

Ese es uno de los mayores poderes que tiene un sueño que Dios da. El proceso hacia su cumplimiento hace algo más que cambiar sus circunstancias; lo transforma a usted.

Una de las fortalezas que José poseía debido a sus grandes sueños era esta: sin importar cuán difíciles se pusieran las cosas, él sabía que mejorarían. Sus sueños siempre fueron un faro de luz y esperanza durante los tiempos tormentosos. Era capaz de recordarse a sí mismo: "Este no es el cumplimiento del sueño", de modo que sabía que debía continuar.

Sus grandes sueños le darán la fortaleza para continuar. Si usted no está donde su sueño dice que estará, no se detenga; continúe avanzando. No avance en la fortaleza de lo que ve; avance en la fortaleza de lo que dijo su sueño y de lo que le mostró. ¡Nunca subestime el poder de un sueño!

Ahora no es el tiempo de conformarse, de hacer concesiones o de desistir. Ahora es el tiempo de ser tenaz y resuelto con respecto a su sueño.

Solo mire a José y existen grandes probabilidades de que se vea a sí mismo. Mucho antes de que José fuera honrado con el nombre de Zafnat-panea, soportó muchos lugares bajos. Antes de que lo vieran como un tesoro y lo honraran como un revelador de secretos, lo odiaron, lo despreciaron, lo descartaron y lo marginaron. Antes de sentarse en el trono, se sentó solo.

Comenzó en un lugar bajo llamado Canaán. Allí su familia lo despreció y lo rechazó. Eso es bastante bajo. Pero entonces cae más bajo todavía, en el pozo. Luego cae aún más bajo cuando lo venden como esclavo. Ciertamente no era probable que las cosa pudieran avanzar aún más bajo que eso, pero así fue. Lo acusaron falsamente de intento de violación y lo lanzaron a la prisión.

Y cuando parecía que había tocado fondo, ayudó al copero del rey a interpretar su sueño. Este copero le prometió que se acordaría de él cuando estuviera delante de Faraón. Pero durante dos largos años languideció detrás de los humildes barrotes de la prisión. No obstante, a lo largo de todo aquel tiempo, a lo largo de las épocas más bajas de su vida, sus poderosos sueños le dieron fortaleza.

Cualquier cosa que sea aquello que esté enfrentando,

19

¡nunca subestime el poder de su sueño! El sueño que Dios ha puesto en usted es capaz de darle la fortaleza y la fuerza interior para continuar avanzando a pesar de lo que sea que pueda estar viendo en este momento.

Puede que no esté donde quiere estar pero, en el nombre de Jesús, no permita que eso mate a su sueño. Su sueño está vivo y bien porque usted está vivo y bien.

Está a punto de aprender acerca de los asesinos de sueños en el capítulo siguiente, pero nunca olvide esto: el sueño que Dios ha puesto en usted es más grande que cualquier otra cosa que está sucediendo. No es demasiado tarde para reclamar cada parte de su sueño. C. S. Lewis afirmó: "Nunca será demasiado viejo como para trazarse otra meta o como para soñar un nuevo sueño".[3] Nunca cometa el error de subestimar el poder de un sueño.

Capítulo 3

Entienda a los
asesinos de sueños

Y lo odiaron aún más por los sueños que él les contaba.
• *Génesis 37:8, NVI* •

ODIO ES UNA PALABRA FUERTE. EXPRESA UNA actitud emocional hacia las personas y las cosas que se nos oponen, que detestamos y despreciamos. La usamos cuando estamos describiendo a alguien con quien no deseamos tener contacto o relación alguna. Es lo contrario del amor. El amor acerca y une; el odio separa y divide. Ser odiado es convertirse en un rival o un enemigo, totalmente desagradable.

Que lo odie su enemigo o su rival es una cosa, pero que lo odie su familia es otra bien diferente. Este fue el dilema de la relación de José con sus hermanos. Que lo odien por sus sueños es algo terrible. José vivió bajo la presión constante de esa realidad cruel, perturbadora y aplastante en su vida.

Lo odiaban por sus sueños. ¿Qué le parece? Puedo imaginarme pocas cosas peores que tener sueños que Dios le ha dado, diseñados y ordenados por Él, y que lo desprecien por causa de ellos. Los hermanos de José no solo odiaban sus sueños, sino que también lo odiaban a él por soñarlos. José soñaba y ¡el hecho de que soñaba hizo que lo odiaran!

Para ellos ya era suficientemente malo que fuera un soñador, pero lo que realmente llevaba el enojo y el disgusto de sus hermanos a otro nivel era que tenía la audacia y la flagrante desfachatez de contar sus sueños. Estos *asesinos de sueños* estaban furiosos y hervían de enojo cada vez que José hablaba de sus sueños.

Esta es una lección poderosa; hay algunas personas que lo tolerarán siempre y cuando se reserve sus sueños para usted mismo, pero enseguida que hable de ellos, enseguida que exponga sus sueños a la luz pública, de repente las cosas empiezan a cambiar. Toda la actitud y disposición que han tenido con respecto a usted puede alterarse de manera radical.

La verdadera pregunta es por qué. ¿Por qué hay personas que odian y desprecian a los soñadores? Una pregunta que lleva aún más a la reflexión es: ¿Cómo alguien puede convertirse en un asesino de sueños? A continuación ofrecemos tres respuestas a esta pregunta.

1. A los asesinos de sueños los consume la envidia.

El concepto número uno que hay que considerar es el concepto de la envidia. "Y sus hermanos le tenían envidia, mas su padre meditaba en esto" (Génesis 37:11).

¿Por qué le tenían envidia? Principalmente por esta razón: el favor, José tenía el favor de su padre en su vida.

> Y amaba Israel a José más que a todos sus hijos, porque lo había tenido en su vejez; y le hizo una túnica de diversos colores. Y viendo sus hermanos que su padre lo amaba más que a

todos sus hermanos, le aborrecían, y no podían
hablarle pacíficamente.

—GÉNESIS 37:3–4

Esto es muy significativo. Como soñador nunca debe sorprenderse cuando alguien lo desprecia debido al favor del
Padre en su vida.

Los verdaderos soñadores, aquellos que sueñan más allá de
su propia habilidad y más allá de los límites de su propio potencial natural, son soñadores que tienen que tener el favor del
Padre celestial en y sobre sus vidas.

**Cuando usted tiene un sueño que Dios ha diseñado,
solo sucederá por medio de su favor y su fidelidad.**

El Padre celestial hará que nazcan sueños dentro de usted
que requieran de su favor para manifestarse y materializarse.
Su favor es la clave. Sin el favor del Padre celestial, nunca al-
canzará el sueño que Él le ha dado. ¡La realidad es que Dios
diseñó su sueño para que dependiera de Él!

Cuando usted tiene un sueño que Dios ha diseñado, solo
sucederá por medio de su favor y su fidelidad. Dios le dará un
sueño, pero luego se asegurará de que la única vía por la que
se haga realidad sea a través de Él. Por tanto, cuando se manifieste, ¡Él tendrá toda la gloria! Simple y claro, usted necesita a
Dios. Y gústele o no, hay épocas en las que el favor de Dios en
su vida provocará el rechazo y el odio de otros.

2. Los asesinos de sueños se sienten amenazados.

Los asesinos de sueños están lidiando con la perturbadora
realidad de que, de cierta forma, el gran sueño de alguien

más resalte las deficiencias de ellos, una debilidad en su carácter, o una falta de determinación y empuje en ellos. De modo que, de hecho, ven al soñador como una amenaza. Y es según esa forma de pensar y esa mentalidad que comienzan a actuar o a reaccionar. Alguien que se siente amenazado es hostil, odioso, malvado y desagradable.

Cuando José compartió su sueño, sus hermanos se sintieron amenazados cuando insinuó que sería superior a ellos y que ellos se someterían a su autoridad. Los hermanos respondieron y exteriorizaron sus inseguridades y su falta de autoestima.

La mayoría de los asesinos de sueños, sin importar cuán confiados parezcan externamente, en realidad están luchando y lidiando con los sentimientos de ineptitud que tienen en su interior. ¡Es desde ese lugar de dolor profundo, desde ese lugar de frustración que comienzan a atacar!

Con más frecuencia de lo que creemos los asesinos de sueños son personas que están llenas de un dolor grande y profundo que los motiva a actuar de la forma en que lo hacen. Es imposible entenderlos sin primero tratar de entender su dolor. Observemos la reacción de los hermanos de José para tratar de obtener una mejor perspectiva.

> Le respondieron sus hermanos: ¿Reinarás tú sobre nosotros, o señorearás sobre nosotros?
> —GÉNESIS 37:8

Prácticamente, cada vez que los hermanos de José lo miraban sentían dolor. Sentían el dolor de ser menos que él, el dolor de no poder compararse con él, el dolor de sentirse inferiores a él.

Con el objetivo de aliviar su propio dolor, empezaron a planificar y diseñar la devastación y la muerte, literalmente hablando, no solo del sueño sino también, vergonzosamente, del soñador. Dominados y destruidos por el dolor y la frustración, por los celos y la envidia, se convirtieron en criminales y en asesinos de sueños.

Ahora recuerde, los hermanos lo *odiaban* por sus sueños y por sus palabras. En el idioma original del Antiguo Testamento esto es extremadamente intenso y fuerte. La palabra *odiaron* aquí en el libro de Génesis es la palabra hebrea *sané*. ¡La traducción original significa "odiar y hacerse odioso!" Es literalmente "odio en acción".

Su odio se hacía manifiesto todos y cada uno de los días. La Biblia dice que los hermanos "*no podían hablarle pacíficamente*" (Génesis 37:4, énfasis añadido). Aprovechaban cada oportunidad para ser crueles y lo despreciaban total y absolutamente. Su rechazo se convirtió en su modo de actuar diario. Se sentían tan amenazados por él que llegaron a odiarlo. Esto nos lleva a la tercera respuesta.

3. Los asesinos de sueños desprecian los grandes destinos.

Lo que más odiaban los hermanos de José no eran sus sueños, sus palabras o el favoritismo obvio que su padre le mostraba. Su odio más intenso no estaba reservado ni siquiera para el propio José. ¡Lo que más odiaban era su destino! ¿Por qué? ¿Por qué rayos despreciaban tanto su destino?

La respuesta es sorprendentemente simple: *¡percibían que su destino era más grande que el de ellos!* Reconocían algo en él que es probable que ni siquiera él mismo reconociera en aquella época.

Para ellos era obvio que había algo diferente en José. Al fin y al cabo, él no debía cuidar de las ovejas, trabajar en el campo o pasar largos días al sol.

Después fueron sus hermanos a apacentar las
ovejas de su padre en Siquem. Y dijo Israel a
José: Tus hermanos apacientan las ovejas en Siquem: ven, y te enviaré a ellos.

—GÉNESIS 37:12–13

Para ellos José era un niño mimado. Era el elegido. Después de todo, nunca se ensuciaba las uñas. Nunca tenía que
sudar, llevar una carga o trabajar, ni siquiera un día de su vida.
No, tenía que acompañar a papá. Probablemente sentían que
lo trataban como rey. Él debía cumplir la lista de deseos de su
padre, como hacer mandados y llevar mensajes de su parte.

Ellos veían "la escritura en la pared". A José lo estaban
criando para ser alguien extraordinario y lo extraordinario a
menudo amedrenta lo ordinario.

Ellos despreciaban el destino de José porque, en lo profundo de sus corazones, sabían que sus sueños, de hecho, podían hacerse realidad. ¿Por qué otra razón se habrían sentido
tan amenazados por él, tan amenazados hasta el punto de
que querían matarlo? Su propia inseguridad hizo que le de-
clararan la guerra al destino de su hermano. Puede tener una
temporada aterradora en su vida cuando alguien le declara la
guerra a su destino.

Habrá épocas en las que puede que tenga que soportar
el gran e intenso ataque de los asesinos de sueños. Pero ese
ataque prueba algo muy poderoso: *sus asesinos de sueños
creen en usted.*

¡Los asesinos de sueños solo luchan contra aquel y aquello
en lo que creen! Aquellos que más pueden estar peleando
contra usted y resistiéndolo con todas sus fuerzas lo están haciendo porque, ya sea que se den cuenta o no, ¡creen en usted!
Deje que esa revelación penetre en su ser. ¡Los ataques más intensos vienen de aquellos que creen en usted! Incluso si dicen

que usted no puede, ¡sus acciones prueban que, en su interior, piensan que sí puede!

Puede que tenga que soportar el gran e intenso ataque de los asesinos de sueños. Pero ese ataque prueba algo muy poderoso: *sus asesinos de sueños creen en usted.*

Entonces, de una manera muy extraña, puede reconfortarse y animarse con la presencia de un asesino de sueños. Porque la presencia de un asesino de sueños puede de hecho significar que usted va por el camino correcto ¡y que lo mejor está aún por venir! Cuando usted tiene un gran destino, el enemigo siempre enviará a asesinos de sueños que tratarán de afectar, retrasar e incluso destruir ese destino.

A José lo odiaban y el odio que soportó José fue mucho más allá de la clase de odio superficial e inofensivo que solo existe en la superficie. Un odio como ese se disfraza detrás de muecas y sonrisas sarcásticas. Esta clase de odio es el más común y en ocasiones está solapado. Las personas que odian así no tienen el valor o la fortaleza para expresar abiertamente lo que late con tanta intensidad en sus corazones. ¡Esas personas son las que actúan como si quisieran comérselo vivo en su propia cara y de veras lo hacen a sus espaldas!

José, sin embargo, lidió con una clase mucho más salvaje de odio, un odio que era totalmente descubierto, declarado y personal. José tuvo que lidiar con un odio que estaba expuesto a la luz pública. Y este odio provenía ni más ni menos que de su propia familia.

¿Qué debe hacer un soñador?

Irónicamente, y a veces dolorosamente, el enemigo usará a aquellos más cercanos a usted para tratar de destruir sus sueños. Cuando digo que usa a aquellos más cercanos a usted, no me refiero a cercanos físicamente; me refiero a cercanos en relación, a personas con las que tiene lazos sentimentales. Alguien que debía *apoyarlo* se convierte en alguien que se dedica a *atacarlo*.

Esta es la fuente de lo que es tal vez el mayor dolor de todos: cuando las personas que usted más ama son las personas que más lo odian por sus sueños. ¡Qué clase de dilema ocurre lugar cuando el soñador se enfrenta con alguna de estas preguntas desgarradoras!

- ¿Qué hago cuando amo a mi asesino de sueños?

- ¿Escojo mi sueño o escojo a mi asesino de sueños?

- ¿Abandono el sueño que Dios me dio, o abandono a mi asesino de sueños, a pesar de que amo a ambos?

- ¿Cuál es el precio que estoy dispuesto a pagar por mi sueño? ¿Qué tal si mi sueño me cuesta todo lo que tengo?

¡No todo el mundo va a estar feliz con sus sueños! Como he compartido en este capítulo, los asesinos de sueños poseen tres características básicas: son envidiosos, se sienten amenazados y desprecian el destino de cualquier persona que crean que tiene un destino mayor que el de ellos.

Entonces, ¿qué debe hacer cuando se enfrenta a los

asesinos de sueños? A continuación ofrecemos siete claves que le ayudarán a apegarse a sus sueños hasta que alcance su destino.

1. *Esté alerta.* Incluso aquellos que aparentemente son sus amigos, tales como los compañeros de trabajo y también su propia familia, pueden volverse en contra suya cuando comienza a soñar. Como una serpiente en la maleza, pueden atacar en cualquier momento, listos para dejar salir el veneno que potencialmente podría sacar a la luz al asesino de sueños que hay en ellos.

2. *Espere oposición.* ¡Qué no lo tomen por sorpresa! Pida a Dios discernimiento de manera regular y luego confíe en él cuando se lo dé. ¡Avance! Siga camino a su sueño y no se detenga solo para apaciguar a otros.

3. *Proteja sus sueños.* Apártese de la relación cuando sospeche que esa persona es un asesino de sueños. Alimentar su sueño puede que implique dejar morir de hambre una relación negativa. Una vez que se da cuenta de que alguien es un asesino de sueños, mantenga la distancia, limite el acceso de esa persona en su vida y nunca deje que influya en sus decisiones.

4. *Alimente las relaciones correctas.* Rodéese de personas que piensen como usted y que apoyarán su sueño y nunca lo matarán.

5. *Permanezca en el camino.* Muchas veces las personas renuncian a sus sueños porque

tienen dificultades para romper con relaciones inadecuadas. Una vez que ha decidido que perseguir su sueño requerirá que deje ir a algunas personas, sin importar cuál sea el costo deberá permanecer en el camino.

6. *Persevere con pasión.* Avance y continúe hacia su sueño, incluso si otros no lo aprueban. Su sueño es su destino y el destino requiere perseverancia.

7. *Avance a pesar del dolor.* A menudo el dolor es el precio que debemos pagar. Entienda que no va a poder complacer a todo el mundo mientras persigue su sueño. La oposición es dolorosa pero no tan dolorosa como quedarse por debajo de su potencial. E incluso si tiene que soportar el dolor debido a su sueño, avance a pesar de él y hacia la promesa.

A José le costó todo cumplir su sueño, todas las cosas que conocía y, durante una temporada, todas las personas que conocía. Sin embargo, cuando uno estudia la vida de José queda claro que, hasta cierto punto, finalmente entendió a sus asesinos de sueños. De alguna manera muy significativa, tiene que haber comprendido su dolor. Debido a esto nunca permitió que la amargura lo controlara y lo dominara.

> **En el momento en que la amargura lo abruma, ahí comienza la muerte lenta y dolorosa de sus sueños.**

El concepto de amargura mental proviene de la idea de que algo tiene un sabor desagradable y agudo. Alguien dice que algo es amargo cuando le causa dolor o es difícil de soportar: "una amarga derrota", "un amargo fracaso". También hablamos de una "amarga pérdida" cuando la pérdida de alguien nos ha causado un profundo dolor.

Cuando usted permite que la amargura entre en la ecuación, pierde totalmente. La amargura no es ni congruente ni racional. Una persona amargada es su propio gran enemigo. Es muy difícil mantener cualquier clase de relación con una persona que sufre de amargura crónica y la amargura es una de las causas fundamentales que contribuye a los problemas conyugales y familiares.

En el momento en que la amargura lo abruma, ahí comienza la muerte lenta y dolorosa de sus sueños. Es obvio que José amaba a su familia y que, de alguna manera, supo sobreponerse a la amargura y se elevó por encima de sus asesinos de sueños, porque al final su sueño proveyó un espacio para todos ellos.

En el siguiente capítulo aprenderá cómo convertir los obstáculos en oportunidades. Comience liberándose del obstáculo de la amargura. Sea honesto con Dios y confiese cualquier resentimiento, amargura o falta de perdón que haya estado alimentando en su corazón. ¡Dios sabe cuán difícil es liberarse de una atadura, pero también conoce las tremendas bendiciones que le esperan cuando lo hace!

Capítulo 4

Sueñe con una salida

Cierto día José tuvo un sueño
y después José tuvo otro sueño.
• *Génesis 37:5, 9* NVI •

CUANDO ESTUDIAMOS LA VIDA DE JOSÉ, NO EXISTE LA menor duda de que creció en un ambiente muy hostil y lleno de tensión. Pero esta es la conclusión a la que debemos llegar con respecto a esto: en medio de toda la negatividad, en medio de todo el dolor y la confusión, justo en medio de toda la increíble fricción y resistencia, Dios le dio un sueño.

Lo que más me asombra de Dios es su habilidad de transformar los obstáculos en oportunidades. Dios lo usa todo en la gran receta de la vida, incluso sus dificultades, para desarrollar su destino. Sus épocas más duras y dolorosas pueden convertirse en herramientas en las manos de Dios para hacer nacer grandes cosas en su vida. Sus momentos más desastrosos y desgarradores pueden de hecho convertirse en tremendas temporadas para el *desarrollo de sueños*.

Tal vez la realidad más apremiante que hay que tener en

cuenta en la vida de José es que, en una atmósfera de desgracia, negatividad y presión, algo muy significativo y poderoso estaba presente: José tenía hambre de soñar. Deseaba con tanta pasión una transición y una transformación en su vida que comenzó a soñarlas. La maldad del momento y la crueldad que fue obligado a soportar fue, de hecho, lo que Dios usó para despertar todos los poderosos sueños dentro de él.

> **Lo que más me asombra de Dios es su habilidad de transformar los obstáculos en oportunidades.**

Lo que él percibía como antagonismo, Dios lo percibía como un reloj despertador, porque no hay nada que despierte a un soñador mejor que los *problemas*. Si José no hubiera sido forzado a lidiar con todo lo que tuvo que lidiar, a vivir con todo lo que tuvo que vivir, es probable que nunca hubiera comenzado a soñar. Se habría sentido cómodo y satisfecho con su situación. Pero en vez de esto se sintió presionado por la perplejidad de sus problemas.

Comprender esto me asombra y me alarma al mismo tiempo. Dios colocó a José en una situación donde literalmente necesitaba soñar con una salida. ¡Los problemas fueron el detonador de su sueño! *Dios usa los problemas.*

Esta es una revelación asombrosa: Dios le confió problemas a José. Él sabía que los problemas no iban a hacer que José se rindiera; los problemas lo harían soñar. ¿Y qué hay de usted? ¿Puede Dios confiarle problemas?

Cuando las cosas se pongan difíciles, ¿se rendirá o soñará? Puede que algunos de ustedes estén enfrentando problemas actualmente. ¡No se rinda! ¡Sueñe! Cobre ánimo incluso en medio del problema. Dios le está confiando a usted ese problema porque es hora de soñar.

Nadie puede negar el hecho de que José estaba pasando por grandes aprietos, ¡pero su destino era más grande que su dilema! Sin embargo, su dilema se convirtió en el catalizador de su sueño. La insatisfacción con respecto a sus circunstancias hizo que José soñara con una salida.

Dicho claramente, ¡el dolor de este joven fue lo que lo hizo soñar! Creo que José empezó a soñar con un día mejor, un día en el que sus hermanos lo amaran, lo respetaran y lo estimaran. José comenzó a soñar con una existencia más elevada y una vida mejor. Soñaba con ser más de lo *que* era, de *quién* era e incluso *dónde* estaba en aquel preciso momento de su vida. Pero no se puede ignorar o perder de vista el hecho de que fue el dilema lo que desarrolló al soñador.

De tal palo, tal astilla

La Biblia no nos dice si el padre de José, Jacob, le contó alguna vez a sus hijos acerca de su pasado, el dilema cuando engañó a su padre, Isaac, para obtener los derechos del primogénito, las luchas que enfrentó con su hermano gemelo, Esaú, o el sueño que él mismo tuvo y que le cambió la vida (vea Génesis 28). Pero me resulta interesante el hecho de que José fuera un soñador así como su padre. Hasta donde sé, fue el único hijo que heredó la pasión de soñar de su padre. José tuvo su porción de dolor en la vida debido a los problemas familiares y a la incomprensión de su propósito dentro del plan de Dios. Pero lo mismo sucedió con su padre.

Jacob era hijo de Isaac y nieto de Abraham. Dios escogió a esta familia para que fuera el fundamento de la fe y el origen de la nación hebrea. Pero antes de que Jacob naciera, Dios había determinado que había algo muy especial en él y que sería el que llevaría el linaje familiar de la promesa. Su madre era estéril, lo cual se consideraba como maldición en su cultura: desafortunada e incapaz de tener hijos. Pero Isaac oró al Señor en nombre de su esposa, creyendo que concebiría. Y Dios respondió su petición. Ella concibió.

Durante su embarazo, Rebeca sentía una lucha dentro de ella, una batalla dentro de los gemelos que estaban en su vientre. Aquello la atribuló tanto que llegó al punto de quejarse ante el Señor, tratando de comprender el motivo de su malestar (Génesis 25:22). El Señor le respondió con una palabra profética sobre el destino de sus hijos.

> Dos naciones hay en tu seno, y dos pueblos serán divididos desde tus entrañas; un pueblo será más fuerte que el otro, y el mayor servirá al menor.
>
> —Génesis 25:23

Cuando nacieron los gemelos, Esaú (que significaba "velludo") fue el primero en salir y luego su hermano, Jacob (que significaba "mano en el talón" o "el que toma por el calcañar"), se agarró del tobillo de Esaú. En ese momento aquella acción parecía no tener sentido, pero ilustraba las batallas latentes que estos dos hermanos soportarían y era un símbolo del futuro de Jacob.

¿Qué haría que un bebé se agarrara del calcañar de su hermano? ¿Qué representaba aquella acción? Jacob era demasiado joven para comprender el significado de su futuro, de modo que su acción tenía una inspiración divina a partir de una palabra profética que el Señor le había dado a su madre: "*Y el mayor servirá al menor*". Incluso en el momento de su nacimiento Jacob estaba agarrándose del sueño dentro de él.

Años más tarde, impaciente por recibir la promesa, Rebeca decidió influir en el cumplimiento de esta profecía. A pesar de la vacilación y la preocupación de Jacob, el plan de Rebeca para engañar a su esposo con el propósito de que bendijera a Jacob lo haría ver como un "engañador" a los ojos de su padre. Pero su madre convenció a Jacob para que continuara con el plan y dejara las consecuencias en manos de ella (Génesis 27:12–13).

El engaño crearía una montaña de lucha y conflicto en la familia. Preocupado de que Esaú decidiera vengarse, Jacob vivió escondido durante años. Es en este contexto que Jacob, al final de sus fuerzas y huyendo para salvar su vida, tuvo un sueño que lo cambió todo. A pesar de sus acciones, Dios tenía un plan. A través de Jacob, Dios cumpliría su pacto con Abraham (Génesis 28:13–14).

En su hora de desesperación y angustia Jacob tuvo un sueño.

> Y soñó: y he aquí una escalera que estaba apoyada en tierra, y su extremo tocaba en el cielo; y he aquí ángeles de Dios que subían y descendían por ella.
> —GÉNESIS 28:12

¡Cuando parecía que la familia, los amigos y el favor lo habían abandonado, Jacob soñó con una salida! El Señor le aseguró a Jacob que, independientemente de lo que había sucedido hasta ese momento, Dios lo sostenía. La Biblia dice que Jacob salió de *Beerseba*, que significa "pozo del juramento (favor)" o "lugar de buena fortuna y favor" y se fue a Harán (Génesis 28:10). *Harán* significa "camino, ruta o caravana". Jacob había salido del "lugar de favor" y estaba en la "ruta" hacia un viaje, pero no conocía su destino. No sabía a dónde iba.

En su hora de desesperación, cuando parecía que el favor lo había abandonado, caminó por una senda, una senda que parecía que no iba a ningún lugar y entonces tuvo un sueño.

Cuando despertó, estaba impactado. Confundido por el sueño, se dio cuenta de que el lugar donde había estado durmiendo no era lo que parecía.

> Y despertó Jacob de su sueño, y dijo: Ciertamente Jehová está en este lugar, y yo no lo sabía. Y tuvo miedo, y dijo: ¡Cuán terrible es este lugar! No es otra cosa que casa de Dios, y puerta del cielo.
>
> —GÉNESIS 28:16–17

Jacob estaba en un lugar difícil pero pudo declarar: "*Ciertamente Jehová está en este lugar, y yo no lo sabía*". Dios está presente en sus lugares más difíciles, ¡incluso cuando usted no lo sabe! ¿Cuántas veces Dios ha estado con usted y ni siquiera se dio cuenta? Incluso ahora, incluso si todo parece estar en crisis, ¡cobre ánimo! Dios está con usted.

Jacob se encontraba al final de sus fuerzas, desamparado y desesperado, pero su lugar de oscuridad se convirtió en su lugar de oportunidad. El sueño le reveló que tenía una puerta abierta hacia el cielo, de modo que llamó a aquel lugar *Betel*, "casa de Dios". Dios se aparece en lugares inesperados en momentos inesperados.

El largo y solitario camino de Jacob se convirtió de repente en una autopista hacia el cielo. En medio de su hora más oscura soñó con cielos abiertos, con un lugar de luz. La esperanza amaneció por fin.

Cuando las circunstancias negativas, la desesperación y la decepción lo rodeen, hay una luz al final del túnel. ¡Lo que parece ser el camino a la destrucción puede convertirse en la ruta hacia su destino cuando usted sueña con una salida!

Como dije antes, José heredó la habilidad de soñar de su padre, Jacob. José fue también el cumplimiento del sueño de Jacob. José llevaba dentro el cumplimiento del viaje de su padre hacia su destino y dicho cumplimiento fue el catalizador para llevar a cabo su propio destino.

En muchas ocasiones sus sueños se cumplen en sus hijos. Lo que mi papa soñó cumplir en su vida se está cumpliendo en mí y a través de mí en la actualidad. Fueron sus deseos, esfuerzos y logros los que prepararon el camino para que yo me convirtiera en un soñador. Él soñaba con un gran ministerio y me transmitió ese espíritu de soñador. En el nombre de Jesús, yo lo transmitiré a mis hijos.

No espere a que se aclare la senda

Jacob soñó con una salida antes de que la senda se aclarara. Así es como sucede. Uno sueña antes de que la senda se aclare. Uno sueña antes de saber qué camino tomar. Uno sueña antes de saber a dónde va. ¡Uno sueña con una salida!

Cuando mi esposa y yo nos convertimos en pastores de nuestra iglesia, Calvary Christian Center, estábamos pasando por una situación muy difícil. El local estaba en mal estado y teníamos una congregación pequeña y fluctuante, una deuda horrible y problemas financieros. Era tan difícil que ni siquiera sabíamos si tendríamos luz eléctrica para muchos de los servicios de nuestra iglesia. Nuestra congregación se componía fundamentalmente de adultos mayores y aquellas preciosas personas estaban resistiendo con todas sus fuerzas la situación.

Antes de venir a Calvary, Dios había bendecido nuestras vidas con un exitoso ministerio evangelístico. No es necesario decir que éramos felices y no teníamos ningún problema financiero. Lo último que queríamos hacer era pastorear una iglesia y, mucho menos, una que tuviera tantos problemas. Pero en el plan soberano de Dios y a través de una serie de eventos increíbles terminamos pastoreando esta iglesia.

La presión que estábamos soportando es casi imposible de describir. Estaban aquellos que dudaban de nuestra iglesia y pensaban que nunca podría hacer algo significativo dentro de la comunidad. Para ser honestos, debido a problemas del pasado, había personas en la comunidad que incluso despreciaban nuestra iglesia. Era muy duro, por no decir más.

Teníamos un personal limitado y ningún dinero. De hecho, ¡le debíamos dinero a todo el pueblo! Constantemente nos negaban el crédito en las tiendas locales; nuestra escuela estaba perdiendo miles y miles de dólares en un mes. Parecía que no había ninguna luz al final del túnel. Estábamos, desde el punto de vista natural, en una situación imposible. Sin embargo, nuestro dilema dio a luz a la desesperación. ¡Y en esa desesperación comenzamos a soñar *en grande*!

Literalmente comenzamos a soñar con todo lo que no teníamos en aquel entonces. Comenzamos a soñar con aquello en lo que creíamos que nuestra iglesia se convertiría: un próspero centro multicultural, multirracial y multidenominacional de alcance mundial que ministrara a multitudes. Soñamos con el día en que miles de personas asistirían a nuestra iglesia y millones escucharían nuestro mensaje a través de la radio, la televisión y la internet.

Soñamos con un ministerio para los desamparados, dedicado suprema e intensamente a los perdidos, a los más pobres y a los más desfavorecidos de la sociedad. Soñamos con una escuela dominical en la calle, con alcanzar las cárceles y con ayudar y amar a los niños menos privilegiados y en riesgo en nuestras comunidades. Soñamos con un lugar tan lleno del amor de Jesús que todas y cada una de las personas pudieran venir y conectarse, personas de todas las razas, de todos los orígenes educacionales y financieros, de todos los lugares y posiciones de la vida.

Soñamos con ministerios a escala mundial dirigidos a los

niños, los adolescentes y los adultos jóvenes. Soñamos con una escuela y un centro de niños que ofreciera una educación excelente y una alimentación espiritual, así como con una escuela de ministerio que levantaría guerreros y entrenaría a personas para llevar a cabo las tareas del Reino.

Si está lidiando con problemas difíciles, puede que Dios use ese problema, no para destruir su sueño, sino para desarrollarlo.

Soñamos con un local moderno con oficinas de consejería para recibir a aquellos que estuvieran enfrentando problemas familiares y personales. Soñamos con una iglesia donde la atmósfera fuera increíble y asombrosa, ¡un lugar donde se manifestaran el poder y el amor de Dios! ¡Y el Dios que nos dio el sueño lo ha hecho realidad con creces! Sin embargo, el hecho es que fueron nuestros problemas los que nos llevaron a soñar. Fue la desesperación de nuestro dilema lo que despertó al soñador dentro de nosotros.

Todos atravesamos épocas en nuestras vidas en las que soportamos una cantidad de ataques, dolor y frustración aparentemente sin sentido. Pero en estos tiempos difíciles usted necesita obtener una visión de sus circunstancias según el "ojo de Dios". ¿No ha pensado que su situación actual podría ser lo que Dios desea usar para despertarlo y desatar los sueños grandes que ha colocado dentro de usted? Si está lidiando con problemas difíciles, puede que Dios use ese problema, no para destruir su sueño, sino para desarrollarlo.

¿Qué tal si estuviera enfrentando esa situación en este mismo momento porque es hora de que usted sueñe con una salida de su problema y hacia la realización del plan de Dios en su vida? Puede que ahora esté en un lugar intenso, un lugar en el que nada parece ir como usted había planificado, un lugar en el que está soportando la vida en vez de disfrutarla. En esta temporada puede que esté lidiando con problemas, con personas y con persecuciones. Puede que sea un lugar en el que se siente incómodo y frustrado, un lugar en el que nada parece tener sentido. Pero escuche esta palabra: *¡sueñe con una salida!*

José nunca salió hasta que soñó con una salida, ¡y lo mismo le sucederá a usted!

- ¡Sueñe con una salida!

- ¡Sueñe con una salida de su desastre y hacia el milagro!

- ¡Sueñe con una salida de su problema y hacia las promesas de Dios!

- ¡Sueñe con una salida de su dilema desesperante y hacia su destino divino!

El enemigo está tratando de usar los asuntos de su vida para matar, robar y destruir su destino divino. Pero con Dios se cumple lo opuesto. ¡Él usará sus estreses, sus dolores, sus luchas e incluso sus conflictos para despertar al soñador dentro de usted!

Incluso si las cosas ahora están difíciles, no es tiempo para rendirse por el dolor y la frustración. El problema no va a *sacudirlo*; ¡va a *construirlo*! Está a punto de descubrir que "¡el pozo no es tal!". Este no es el momento de levantar la bandera blanca para indicar que nos rendimos al enfrentar la adversidad. Por el contrario, ¡es hora de soñar con una salida!

Capítulo 5

La cisterna no es
su destino final

Le tomaron y le echaron en la cisterna; pero la
cisterna estaba vacía, no había en ella agua.
• *Génesis 37:24* •

TODOS HEMOS PASADO TEMPORADAS EN NUESTRAS
vidas cuando hemos alcanzado algunas cosas, destinos y
sueños que teníamos en mente, solo para que nos sacuda el
hecho de que aquel lugar al que nos dirigíamos no es en realidad a donde llegamos. La buena noticia es que Dios tiene un
plan. ¡La mala noticia es que a veces este no luce como tal!
Una de las mejores ilustraciones de esto se ve cuando estudiamos la vida de José. ¡Soñó con el palacio pero terminó en
una cisterna!

No lo dude; José tiene que haberse hecho preguntas muy
serias mientras estaba en esa cisterna. Las preguntas difíciles
siempre aparecen cuando su sueño y su realidad se contradicen la una a la otra. Para José tiene que haber sido difícil el

momento cuando se enfrentó con la dolorosa realidad de su situación.

Con toda seguridad se preguntó: "¿Por qué estoy aquí?". Tiene que haber pensado: "No puedo creer que me haya metido en este lío. ¿Cuándo aprenderé? ¿Cómo pude haber confiado en estos chistosos? Mira donde me metieron".

Su padre le había pedido a José que fuera y viera a sus hermanos y a él le gustó la idea. Se comportó amablemente con ellos y mire dónde lo metieron. Su amabilidad lo llevó a parar a la cisterna y ¿quiénes lo habían echado allí? Las personas con las que estaba siendo amable; aquellos a los que su padre lo había enviado para lo que los ayudara eran los que lo habían echado en la cisterna.

Habrá momentos en su vida cuando, en la ruta hacia su destino, se encontrará con personas a las que ama y asumirá, por asociación, que también lo amarán. Pero sin importar cuánto se esfuerce, nunca podrá hacerlos felices. ¿Qué hace cuando las mismas personas en las que confía se vuelven en contra suya? ¿Qué hace cuando le hacen mal, incluso cuando usted lo está haciendo todo bien?

La pregunta exige una respuesta: "¿Cómo pueden suceder cosas malas cuando estoy tratando de ser tan bueno?". Si vive lo suficiente, enfrentará este dilema muchas veces. Solo porque es la voluntad de Dios no significa que siempre será fácil para usted, o que siempre lo amarán y lo celebrarán.

La Biblia dice: "Si sois vituperados por el nombre de Cristo, sois bienaventurados, porque el glorioso Espíritu de Dios reposa sobre vosotros" (1 Pedro 4:14). La palabra *vituperados* puede entenderse mejor o sustituirse por "atacado inmerecidamente".

En otras palabras, cuando enfrente un ataque inmerecido, y lo enfrentará, el glorioso Espíritu de Dios reposará sobre usted. ¿Por qué? Porque cuando sufre un ataque inmerecido, está siendo como Jesús.

Cuando lo echen a la cisterna, Dios le dará descanso y tiempos de alivio y sembrará la esperanza dentro de usted. Incluso en la cisterna Dios le dará la esperanza de la liberación. Pedro afirmó: "El glorioso Espíritu de Dios reposa sobre vosotros". ¡Eso es algo muy asombroso, porque podrá sobrevivir a cualquier cosa siempre y cuando el glorioso Espíritu de Dios repose sobre usted!

Fíjese, Pedro dijo que *Dios* le dará descanso, no las *personas*. No espere que otros lleguen corriendo a la cisterna para rescatarlo. De hecho, en el caso de José, sus hermanos se sentaron y comieron mientras él estaba en la cisterna. ¡Estaban disfrutando una fiesta mientras él estaba sufriendo en la cisterna! No les importaba en lo absoluto.

No puede darse el lujo de ser codependiente o de confiar en otros para que lo saquen de la cisterna. Gústele o no, con demasiada frecuencia, cuando otros lo ven en su cisterna, lo más probable es que lo dejen allí en vez de hacer el esfuerzo para sacarlo.

Tropezarán con la cisterna, se inclinarán para mirar su calabozo de desesperación y, dependiendo de su punto de vista, harán comentarios acerca de cómo o por qué se metió en la situación en la que está. Si esto fuera una parábola, sonaría así más o menos: Un hombre se cayó en una cisterna y no podía salir. Entonces, uno por uno, un grupo de personas vino y dio su opinión acerca de la experiencia de la cisterna.

- La persona subjetiva dijo: "Lamento que esté en la cisterna".

- La persona objetiva dijo: "Es lógico que alguien iba a caerse en esa cisterna".

- El de la ciencia cristiana dijo: "Solamente cree que está en la cisterna".

- El fariseo dijo: "Solo las personas malas se caen en las cisternas".

- El matemático dijo: "¿Ha calculado cómo se cayó en esa cisterna?".

- El reportero dijo: "¿Puedo hacer una historia exclusiva acerca de usted y de su experiencia en la cisterna?".

- El fundamentalista dijo: "Tiene que definir su cisterna".

- El calvinista dijo: "Si fuera salvo, no habría caído en esa cisterna".

- El wesleyano dijo: "Usted era salvo hasta que cayó en ese pozo".

- El seguidor de Palabra de fe dijo: "Solo confiéselo, hermano: 'No estoy en una cisterna'".

- El realista dijo: "Eso es lo que yo llamo una cisterna".

- El geólogo dijo: "Me gustan las rocas de su cisterna".

- El del Servicio de Rentas Internas dijo: "¿Ha pagado impuestos en esa cisterna?".

- El inspector del condado dijo: "¿Tiene permiso para estar en esa cisterna?".

- El evasivo evitó por completo pasar cerca del pozo.

- El que siente lástima de sí mismo dijo: "¡No ha visto nada hasta que no vea mi cisterna!".

- El optimista dijo: "Las cosas podrían ser peores".

- El pesimista dijo: "Las cosas se pondrán peores".

Pero Jesús, al ver al hombre en la cisterna, bajó para ayudarlo a salir y le dijo: "No permitas que la cisterna haga que pierdas el enfoque. Te sacaré de una manera o de otra. Este no es el lugar donde perteneces". Dicho claramente, *¡la cisterna no es su destino final!*

Destino *vs.* final

El hecho de que usted sueñe con palacios pero viva en cisternas puede ser confuso y frustrante. ¿Qué rayos puede hacer cuando enfrenta este doloroso escenario en su vida? Es entonces cuando debe agarrarse con todas sus fuerzas del tiempo del Señor. Con Dios, el tiempo es muy importante. La tentación a la que se enfrenta es juzgar su situación prematuramente, asumir que donde se encuentra es donde está destinado a estar. Confunde el destino con el final.

> E Israel le dijo: Ve ahora, mira cómo están tus hermanos y cómo están las ovejas, y tráeme

la respuesta. Y lo envió del valle de Hebrón, y
llegó a Siquem.

—GÉNESIS 37:14

Aquel hombre respondió: Ya se han ido de aquí;
y yo les oí decir: Vamos a Dotán. Entonces José
fue tras de sus hermanos, y los halló en Dotán.

—GÉNESIS 37:17

Y le tomaron y le echaron en la cisterna; pero la
cisterna estaba vacía, no había en ella agua.

—GÉNESIS 37:24

Fíjese cómo cambiaron las cosas en el espacio de solo diez
versículos.

La cisterna es solo una porción y una parte del proceso; el proceso es lo que lo conducirá a la promesa.

El final, ¿qué es? Es el lugar del propósito terminante pero
el destino a menudo nos depara caminos difíciles para llegar
allí. Entonces José tuvo que preguntarse: "¿Cómo acabé aquí
si se suponía que llegara hasta allí?". ¿Alguna vez se ha hecho
esa pregunta? José fue a Siquem y de allí a Dotán, pero terminó en una cisterna.

Su padre envió a José a buscar a sus hermanos. Debía re-
correr casi trece kilómetros para llegar a Siquem, que significa
"la porción de la mañana". Su significado en la historia de Israel es que este era "el lugar alto". *Dotán* estaba a dieciséis kilómetros o más de Siquem y significa "el lugar de dos pozos, el
lugar de frescura".

José salió para Siquem, pero sus hermanos no estaban allí.

47

Llegó al lugar alto pero no encontró lo que estaba buscando, de modo que continuó. Luego llegó a Dotán (el lugar de frescura) y creyó que sería muy bueno estar allí, pero resultó que no era así. Terminó en la cisterna.

¿Cómo José terminó *aquí* cuando se suponía que terminara *allá*? Así como José, ¿cuántas veces ha estado usted en un viaje, pretendiendo llegar *allá* pero terminó *aquí*? Usted se dirigía al lugar *alto* pero terminó en un lugar *seco*. Había anticipado un palacio, pero en cambio aterrizó en una cisterna. Tal vez usted está ahora mismo en la cisterna. Usted mira bien tratando de encontrar respuestas, de modo que se esfuerza para llegar al lugar alto, el lugar donde está Dios. Estaba buscando una frescura en su matrimonio, en su ministerio, su carrera, su familia o sus relaciones. Y entonces descubrió que estaba en una cisterna y dijo: "Señor, ¿cómo terminé aquí?".

El pozo para refrescarse está vació, hueco, sin vida y sin agua; es una temporada seca, una cisterna. Usted se dirigía al lugar alto y termina en el lugar seco. A lo largo de toda su vida su destino requerirá que soporte muchas vueltas y girones, subidas, bajadas y altibajos. Cuando se encuentre en la cisterna, nunca debe olvidar: esta es solo una porción de su destino; no es su final. Si no es cuidadoso, aceptará la cisterna como algo permanente, ¡pero la cisterna no es el final de su historia!

Un mecanismo importante para soportar el tiempo que se encuentre en la cisterna es recordarse a sí mismo que está en un viaje y que el lugar donde está ahora solo es parte de ese viaje. Fortalecido con esa revelación, tiene que reconocer y darse cuenta de que, sin importar cuán oscura y sombría luzca su situación actual, ¡la cisterna, no es el final! Su historia todavía se está contando; su historia no se ha acabado.

Incluso si alguien que ama está en un lugar áspero, duro y difícil ahora mismo, no se desaliente. ¡Su historia no ha terminado y la suya tampoco! La cisterna es solo una porción y una parte del proceso; el proceso es lo que lo conducirá a la promesa.

> **No hay atajos para llegar al destino divino. ¡Aquellos que están buscando un atajo terminan desviándose!**

El hecho es que a menudo Dios le revelará una visión profética de la promesa pero no le mostrará completamente el proceso. Él sabe que en la mayoría de los casos, si nos permitiera ver todo el proceso, sería demasiado para nosotros. Si ve el proceso puede que abandone prematuramente, en vez de soportar el proceso hasta que la promesa se haga realidad.

Todo el que ha soportado algo significativo en su vida sabe que no hay atajos para llegar al destino divino. ¡Aquellos que están buscando un atajo terminan desviándose! Tiene que progresar a través de todo lo largo del proceso; entonces y solo entonces la promesa se cumplirá.

Nadie está exento del proceso. No importa cuán dotado, talentoso o elocuente sea usted; la senda hacia la promesa requiere del proceso. Dios no solo permite el proceso, sino que también lo requiere. Hay cosas que usted está destinado a aprender, conocer y abrazar que solo el viaje a través del proceso que Dios ha diseñado con antelación puede enseñarle.

Poder en la cisterna

Y dijeron el uno al otro: He aquí viene el soñador. Ahora pues, venid, y matémosle y echémosle en una cisterna, y diremos: Alguna mala

> bestia lo devoró; y veremos qué será de sus
> sueños.
>
> —Génesis 37:19–20

Este poderoso hombre José es una prueba de que Dios permitirá que usted experimente lugares de cisternas en su vida. La pregunta es: ¿por qué? ¿Por qué un Dios que ya ha revelado la promesa necesitaría una cisterna? ¿Por qué no permite que usted simplemente evada la cisterna y llegue pronto hasta la promesa? ¿Acaso eso no suena grandioso? Hay dos razones muy importantes por las cuales usted no puede evadir la cisterna.

1. El Señor quiere revelarle algunas cosas nuevas sobre usted mismo.

Dios conoce con exactitud y precisión lo que ha puesto dentro de usted. Gústele o no, hay cosas dentro de usted que nunca se manifestarán sin permanecer algún tiempo dentro de la cisterna. En su infinita sabiduría Dios conoce que solo la prueba, el calor y la adversidad de la cisterna sacarán a la luz mucho de lo que está escondido en usted.

De modo que la cisterna no es un lugar de muerte sino de descubrimiento, ¡porque en la cisterna usted se encuentra a sí mismo! Dios usará la cisterna para mostrarle quién es usted realmente y aquello de lo que verdaderamente está hecho. ¡Es el dolor, la persecución y los aprietos de la cisterna lo que produce el cuadro más puro de usted mismo!

Si de veras quiere descubrir quién es y de que está hecho, ¡prepárese para pasar más tiempo en la cisterna! En la cisterna se dará cuenta de que es un sobreviviente; reconocerá que, a pesar de encontrarse en problemas, pruebas y tribulaciones, ¡es capaz de lograrlo!

Hay cosas que tiene que pasar mientras está en la cisterna

que, con toda seguridad, nunca pensó que tendría que experimentar. La cisterna le muestra que usted es más de lo que piensa que es y que puede soportar más de lo que cree que puede soportar. ¡Esa traición, abandono, lucha, matrimonio fracasado, crisis financiera, o amarga decepción de la cisterna le está trayendo claridad! Estas batallas son las que le mostrarán a usted su verdadero yo. Cuando salga de la cisterna, se verá a usted mismo de una forma completamente nueva.

> Y le tomaron y le echaron en la cisterna; pero la cisterna estaba vacía, no había en ella agua.
> —GÉNESIS 37:24

La cisterna fue el lugar donde José experimentó uno de los dolores más grandes de su vida. ¿Puede imaginarse cómo tiene que haberse sentido cuando se sentó languideciendo e imposibilitado en aquella cisterna? Atrapado allí en la cisterna, la cruel, aguda y odiosa realidad de sus circunstancias verdaderamente comienzan a hacerse real antes sus ojos. Todo su mundo se agolpa delante de él a medida que comienza a darse cuenta de que sus hermanos lo han colocado allí para que muriera. Estaba muriendo porque se atrevió a soñar.

El espectro de emociones que experimentó tiene que haber sido indescriptible, cuando menos: temor, enojo, amargura, cólera, decepción, desilusión e incredulidad, todos ellos combinados con profundos niveles de ansiedad, abandono, preocupación, tristeza y quebranto. (¡Y esta es la lista corta!) Prácticamente todas las emociones negativas imaginables arremetieron contra él y lo atormentaron mientras estaba sentado en esa cisterna.

La Biblia dice que la cisterna estaba vacía y muy seca. Esto nos dice que José estaba solo y sediento. Ciertamente tiene que haber estado sediento de agua, pero miremos un poco más profundo. Su sed más grande en aquel doloroso lugar era de compañía.

> **José tuvo que soportar la cisterna no solo para descubrir su verdadero *ser* sino para descubrir su verdadera *fuente*.**

A menudo una de las partes más duras de estar en la cisterna es lidiar con la soledad. La soledad y la tristeza de la cisterna en ocasiones pueden ser abrumadoras. José estaba un gran dolor y, en ese gran dolor, no tenía a nadie. Enfrentémoslo; todos nosotros hemos pasado tiempo en la cisterna y no está por demás decir que ¡la cisterna solitaria es un lugar doloroso!

Es fácil cuestionarnos y preguntarnos por qué Dios a menudo permitirá que usted se enfrente a la realidad de la cisterna totalmente solo. Estar en un lugar tan doloroso en la vida puede ser muy difícil pero, para colmo de males, está solo. En épocas como esas el antiguo dicho se hace realidad: "¡Mal de muchos consuelo de tontos!".

De algún modo, es más fácil soportar la cisterna cuando tiene compañía. Cuando tienen compañeros que están experimentando momentos dolorosos y hermanos que están experimentando quebrantos, todo parece un poco más llevadero. ¿Pero qué pasa cuando usted está solo? *Entonces es cuando tienen que darse cuenta de que no está solo.*

A pesar de que José estaba en la cisterna, no estaba solo. Sí, no estaba en aquella cisterna con alguno de sus compañeros o fuentes de compañía terrenales, pero no estaba solo. Dios estuvo con él todo el tiempo.

Hay muchas razones para alabar a Dios, pero cualquiera

que ha estado en la cisterna puede alabarlo porque nunca lo deja solo en la cisterna. En sus lugares de cisternas, la única razón por la que usted no enloquece, tira la toalla o desiste es porque, incluso cuando no se da cuenta de ello, Dios está con usted en la cisterna. Esto nos conduce a la segunda razón por la que no puede evadir la cisterna.

2. El Señor quiere revelarse a usted en nuevas maneras.

El Señor permitió e incluso dispuso el tiempo de José en la cisterna porque quería que José lo conociera de una manera diferente. Recuerde, la cisterna no era un lugar de muerte sino de descubrimiento. ¡Dios quiere revelársele en la cisterna!

José tuvo que soportar la cisterna no solo para descubrir su verdadero *ser* sino para descubrir su verdadera *fuente*. En la cisterna es donde Dios a menudo se revela a sí mismo. Uno de los nombres de Dios en el Antiguo Testamento es *Jehová*. Una definición simple del nombre Jehová es "el Dios que existe", o "el Dios que está allí". De modo que cuando lo llama *Jehová Jireh*, está declarando que es "el Dios que está allí para proveer".

Cuando usted lo llama *Jehová Rafa*, está declarando que es "el Dios que está allí para sanar" y *Jehová Salom* nos dice que él es "el Dios que existe para traernos paz". El punto es que la cisterna no *impide* que Jehová sea quien es. Por el contrario, la cisterna es lo que *permite* que Él sea lo que es.

Vea, Él es Jehová, Él es real, Él existe y está allí a pesar de que puede que usted esté en la cisterna. La cisterna no lo esconde; ¡en realidad, la cisterna lo revela!

Hay cosas que Dios quiere revelarle acerca de Él mismo que solo puede revelárselas en la cisterna. Lo creó para que tuviera amistad y comunión con Él. Lo creó porque su deseo es que lo conozca. Y hay ciertas dimensiones de la personalidad de Dios que nunca podrán descubrirse sin pasar un tiempo en la cisterna.

> La cisterna no impide que Jehová sea quien es. Por el contrario, la cisterna es lo que *permite* que Él sea lo que es.

Dios no solo le mostró a José a su propio yo en la cisterna, sino que Dios también le mostró partes de sí mismo que solo la cisterna podía revelar. Y lo mismo se cumple hoy. Dios permitirá que usted pase tiempo en la cisterna porque quiere que lo conozca, no solo en los buenos tiempos sino también en los malos.

Creo que mientras José estaba sentado allí en aquella cisterna seca, calurosa y solitaria, probablemente tuvo tiempo para examinar un poco su alma. Es probable que se haya hecho alguna de las preguntas profundas y reflexivas que usted se hace a sí mismo cuando se encuentra en las cisternas de la vida.

José estaba en una cisterna, pero su final era el palacio. No se acomode en la cisterna, porque no va a quedarse allí, irá al palacio. No decore las paredes con cuadros, no ponga alfombras en el piso, ni coloque un televisor de pantalla grande, ni arregle los muebles en la sala. La cisterna es un lugar temporal, no permanente.

En vez de eso, necesita anticipar el proceso y hacer sus maletas, porque está a punto de mudarse de la cisterna. ¡Pero saldrá de la cisterna mejor de lo que era cuando entró en ella! ¡Está saliendo con una mejor comprensión de quién es como persona y de todo lo que Dios ha puesto en usted! Y no solo eso, sino que también está saliendo de esa cisterna con un conocimiento y una revelación de Dios que solo la cisterna podía mostrarle. El enemigo no quiere que lo sepa, pero ¡hay poder en la cisterna!

Alabe mientras está saliendo

> Y se sentaron a comer pan; y alzando los ojos miraron, y he aquí una compañía de ismaelitas que venía de Galaad, y sus camellos traían aromas, bálsamo y mirra, e iban a llevarlo a Egipto. Entonces Judá dijo a sus hermanos: ¿Qué provecho hay en que matemos a nuestro hermano y encubramos su muerte?
>
> —Génesis 37:25-26

Judá sabía que sus hermanos querían que José se muriera, pero él no estaba de acuerdo. Cuando vio la caravana acercarse con sus "camellos Cadillac" y sus "mulas Mercedes", trayendo sus riquezas, vio una oportunidad de convencer a sus hermanos acerca de un plan diferente. Judá apeló al lado codicioso de sus hermanos y los convenció de que vender a José era mejor que matarlo. La idea que tuvo en aquel instante salvó a José de la muerte.

El final que Dios había determinado para José era el palacio, no la cisterna. Dios tenía un plan y envió a este grupo de peregrinos ricos para motivar y activar su plan. Judá los vio y decidió actuar en ese mismo instante para sacar a su hermano menor de la cisterna.

Judá significa "alabanza". Y ¿acaso no es asombroso que fuera Judá el que lo sacara de la cisterna? Nada lo sacará de la cisterna como la alabanza. La alabanza lo ayudará a sacar provecho del momento cuando algo está sucediendo a su alrededor. José no podía ver la poderosa caravana desde la cisterna,

55

pero Judá (la alabanza) sí podía. No puede ver la vía para salir de la cisterna sin la alabanza.

No se acomode en la cisterna, porque no va a quedarse allí, irá al palacio.

Hay algo indescriptiblemente poderoso en la alabanza, especialmente en la alabanza en la cisterna. Alabar en la cisterna es declarar frente a la adversidad y la presión que: "¡Mi Dios vale la pena, independientemente de lo que estoy enfrentando ahora!"

Cuando Judá habló, José no solo sabía, ¡pero estaba a punto de descubrir su destino! Su destino no era permanecer donde estaba, limitado por el ridículo y el antagonismo de sus hermanos. Su destino era mucho más grande que eso, pero fue necesaria la presencia de Judá para descubrirlo.

Su destino está ligado a la alabanza.

Ha habido muchos momentos en que la alabanza ha sido la clave para mi esposa y para mí. Fue Judá, la alabanza, lo que nos sacó de nuestros lugares de cisternas. Cuando éramos muy jóvenes en el ministerio, atravesamos una de las temporadas más áridas y dolorosas de nuestras vidas. Mi padre, que era nuestro pastor principal en aquel momento y la persona para la que trabajábamos, tenía un problema serio en los ojos. Acababa de sobrevivir al cáncer, pero esto lo llevó a perder la visión. Ahora un hombre que había conocido la libertad y la independencia tenía que depender de otros prácticamente para todo.

Papá era un hombre muy dulce y amoroso. Era un abuelo precioso para nuestros hijos. Estuvo muchos días sin poder ver. Recuerdo cuando llegué a la oficina durante este proceso y lo vi sentado con las luces apagadas, llorando. Le pregunté qué andaba mal y respondió: "No puedo ver los rostros de mis nietecitos hoy".

El corazón se me rompió en mil pedazos.

Tuve que asumir la mayoría de sus responsabilidades en el ministerio y me esforcé mucho por hacerlo de la mejor manera. Nuestra iglesia comenzó a crecer, pero había retos, especialmente financieros, en aquel pequeño ministerio. Durante aquella época uno de los líderes principales de nuestra iglesia arremetió contra mí y contra mi esposa de una manera muy intensa. El ataque que estábamos enfrentando parecía implacable. Este líder nos hirió tan profundamente que pensamos en abandonar el ministerio. Pero no podíamos abandonar a mi papá en aquella condición.

Estábamos heridos, luchando y atrapados en una de las cisternas más profundas de nuestra vida. Un sábado en particular este líder nos atacó delante de otros líderes de una forma tan seria que fue lo máximo que pudimos soportar. Había sido suficiente. Estábamos impactados, heridos y paralizados en la cisterna más profunda de nuestro joven ministerio.

Fuimos a la iglesia el siguiente día y no solo prediqué sino que además dirigí la alabanza y el coro. Mi esposa, Dawn, estaba en la fila de adelante y este líder estaba en el coro justo en el centro del escenario. Esta persona parecía tener tanto poder que nos sentimos derrotados por la intimidación.

Dawn estaba en la fila de adelante, de pie durante la alabanza. Más tarde describió cómo se sentía y dijo: "Estaba congelada en el dolor y los problemas". Ella, junto conmigo, estaba atrapada en la cisterna. Estaba dirigiendo la alabanza DESDE LA CISTERNA. Estaba alabando desde la cisterna. ¡Estaba incluso predicando desde la cisterna!

En realidad usted no ha experimentado el poder de la alabanza hasta que alaba a Dios desde la cisterna.

Como había dicho mi esposa, estaba congelada y se sentía derrotada e intimidada por el ataque que estábamos soportando. Pero cuando se puso de pie allí, el Espíritu del Señor le habló y le dijo que diera un paso, solo un paso para salir de su zona de comodidad y caminar en alabanza. Durante aquellos días estuvo muy quieta e increíblemente tímida (¡nunca más!), pero se levantó en fe. En aquel momento el poder del Señor vino sobre ella y ¡alabó al Señor como nunca antes la había visto! ¡Ella describió aquel momento como una alabanza sobrenatural!

La presencia del Dios Todopoderoso se desbordó en aquella habitación a través de su alabanza desde la cisterna. Nuestra iglesia experimentó un fluir como nunca antes lo habíamos visto. ¡La salvación, la sanidad, la paz, el gozo y los milagros comenzaron a manifestarse! En todo aquel edificio las personas empezaron a alabar a Dios, muchos desde su propia cisterna personal. En un instante estábamos fuera de la cisterna y en la presencia poderosa de Dios y en su presencia aquel día vencimos y encontramos la victoria sobre nuestra cisterna. Pasamos de contemplar tranquilamente a declarar: "Estamos aquí para quedarnos".

Entienda que si no alaba a Dios mientras está saliendo, no saldrá. Recuerde, los otros hermanos de José querían que se muriera, pero Judá (alabanza) ¡lo mantuvo vivo! Incluso si tiene que alabar en medio del peligro, aplaudir en la calamidad, danzar en el dilema o gritar con los grilletes, ¡no deje de alabar! Habrá momentos en los que la alabanza lo mantendrá vivo.

A medida que se prepara para leer el siguiente capítulo acerca de las diferentes túnicas que usó José, recuerde: no alabe a Dios por la cisterna, alabe a Dios por la promesa. Recuerde, ¡la cisterna no es su destino final!

Capítulo 6

Perder la túnica

Sucedió, pues, que cuando llegó José a sus
hermanos, ellos quitaron a José su túnica, la
túnica de colores que tenía sobre sí.
• *Génesis 37:23* •

En la Biblia un ropaje externo tal como una
túnica o un manto estaba hecho usualmente de lana,
pelo de cabra, algodón o lino. En dependencia de las condiciones del tiempo, podía también usarse como una cobija o un
manto para mantener a la persona tibia y como una almohada,
si se deseaba comodidad.

Según la costumbre judía se consideraba una posesión va-
liosa. De hecho, era lo único que estaba prohibido que un
cobrador de deudas confiscara o que se tomara como cola-
teral en un crédito. (Vea Éxodo 22:26; Deuteronomio 24:13).
En los días de antaño a las personas de todas las naciones
les encantaban las vestiduras de colores brillantes y con muchos adornos y las usaban para los matrimonios y otras ce-
lebraciones. Los reyes y los hombres de alto rango tenían un

enorme ropero donde guardaban estas vestiduras (2 Reyes 10:22), una parte para su propio uso (Proverbios 31:21; Lucas 15:22) y otra parte para otorgar como presentes (Ester 6:6–11).

La túnica simbolizaba estatus y, para el dueño, cambiarse sus vestiduras significaba un ascenso de nivel. En este capítulo me gustaría enfocarme en el cambio de vestiduras. La frase "mudas de vestidos" (o "mudas de ropa") se usa tres veces en el Antiguo Testamento (Génesis 45:22, Jueces 14:12–13, 2 Reyes 5:5).

En la vida de José, cada vez que estaba a punto de avanzar al siguiente nivel hacia su destino, mudaba sus vestiduras. Y el cambio de vestidura de hecho representaba algo. Pero tenía que estar dispuesto a cambiar, *a perder la túnica.*

El cambio es difícil para muchas personas. Lo odian, lo desprecian y se resisten a él. El cambio nunca es fácil porque significa admitir que lo que están haciendo actualmente, lo que están llevando a cabo o lo que están creyendo ya no es válido, actualizado o necesario.

La conducta humana se basa en una serie de patrones, rutinas y acontecimientos que conforman nuestras vidas, de modo que la naturaleza humana es mantener el status quo. Es una fuerza muy sutil pero muy poderosa, la rutina mantiene la estabilidad. No obstante, sin importar cuán difícil pueda ser el cambio, mientras más pronto se dé cuenta de sus beneficios, mejor será su vida.

Todo en la vida cambia excepto Dios. La Biblia afirma: "Yo Jehová no cambio" (Malaquías 3:6). Cambiar significa "transformarse de una cosa en otra, un movimiento". El cambio es necesario para la transformación. ¿Acaso no es asombroso cuántas personas quieren ser *transformadas* pero, a la vez, no quieren *cambiar*? No obstante, la verdad es que no puede existir lo uno sin lo otro. No puede haber movimiento en la vida de una persona sin un cambio.

Hay algunos principios a los que me adhiero como

cristiano. En lo que tiene que ver con la Palabra de Dios, con su presencia y su poder, estas verdades son realidades que me niego a cambiar en algún sentido, forma o contenido. Jesús lo dijo mejor: "El cielo y la tierra pasarán, pero mis palabras no pasarán" (Lucas 21:33). Pero como pastor, me niego a liderar una iglesia que está atada por la religiosidad o la rutina. Si escojo estar espiritualmente muerto, seco, acomodado y predecible, fracasaré en mi intento de alcanzar a un mundo perdido y moribundo.

Si de veras entiende la totalidad de su responsabilidad como iglesia y como creyente, sabe que su trabajo es alcanzar a los perdidos y tiene que tratar de hacerlo al costo que sea necesario, siempre y cuando la Palabra de Dios no se tergiverse.

¿Acaso no es asombroso cuántas personas quieren ser *transformadas* pero, a la vez, no quieren *cambiar*? No obstante, la verdad es que no puede existir lo uno sin lo otro. No puede haber un movimiento en la vida de una persona sin un cambio.

Muchas iglesias han prosperado y han tenido mucho éxito, pero a lo largo de los años no han cambiado junto con su comunidad y ya no pueden identificarse con las necesidades de la sociedad. ¿Será posible que las mismas personas que están tratando de ganar hayan quedado fuera de su alcance debido a su renuencia a cambiar? Cuando las iglesias se niegan a cambiar, están en peligro de hacerse irrelevantes en este mundo perdido y moribundo; es irracional ser irrelevante. Y el siguiente paso después de la irrelevancia es la extinción.

Mi esposa y yo abrazamos el ministerio moderno con esta

filosofía: *ser actual pero no carnal.* Hemos aprendido a acoger el cambio que no compromete nuestro mensaje. Ya sea como iglesia o como creyente, usted y yo siempre enfrentaremos la transición.

José es un ejemplo perfecto de este principio. Él alcanzó su potencial porque se adaptó al cambio. Avanzó a pesar de su situación. A pesar de que sus circunstancias estaban muy lejos de ser perfectas, de alguna manera José pudo adaptarse al cambio y, gracias a que lo hizo, siempre fue capaz de avanzar. Enfrentó los desafiantes elementos de su transición y se ajustó en medio de la adversidad. Su habilidad de hacer algunos ajustes y adaptarse a las transiciones hizo que se elevara, ascendiera y fuera promovido.

También me resulta muy interesante que cada vez que José hacía una transición, perdía una túnica o un vestido. Cada vez que José se cambiaba de túnica, se convertía en un hombre cambiado. Cada manto representaba dejar algo atrás con el objetivo de abrazar algo nuevo. José usó cuatro mantos diferentes y vamos a analizar los detalles de cada uno de ellos.

La túnica de la inmadurez

> Entonces tomaron ellos la túnica de José, y degollaron un cabrito de las cabras, y tiñeron la túnica con la sangre; y enviaron la túnica de colores y la trajeron a su padre, y dijeron: Esto hemos hallado; reconoce ahora si es la túnica de tu hijo, o no.
>
> —GÉNESIS 37:31–32

El viaje de José hacia su promesa comenzó durante la adolescencia, ese lugar entre la niñez y la edad adulta. José era un niño mimado y los hermanos lo consideraban un malcriado echado a perder. Era un joven superdotado, que había recibido grandes favores de Dios, pero esos favores hicieron que sus hermanos enloquecieran. Nadie puede alterarlo tanto como un hermano o una hermana menor. (¡Solo tienen que preguntarle a mi hermana, Donna!)

La primera túnica de José fue una vestidura de inmadurez y, aunque algunas de sus travesuras probablemente fueron graciosas al principio, llegó el momento cuando ya no eran encantadoras, especialmente para sus hermanos. José tenía la motivación correcta, pero puede que haya usado el método incorrecto. La vida de José era como una hermosa fotografía que simplemente necesitaba revelarse. Alguien que es inmaduro no se ha desarrollado completamente. Dele tiempo. ¡Puede que se sorprenda de lo bello que puede llegar a ser!

La inmadurez es un estado en el que algo no está completo. José estaba en un lugar en su vida donde su madurez no se igualaba con su habilidad. Pero llegó el momento en que Dios quiso que José cambiara su túnica y la única forma en que iba a poder cumplir con esta transición y avanzar hasta el siguiente nivel en su destino era que Dios lo sacara de su zona de comodidad.

Habrá momentos en su vida en los que atravesará cosas con el objetivo de que el proceso de madurez emerja. Nadie puede saltarse el proceso; es parte de la vida. Pero para algunos, aquellos que han sido destinados a la grandeza, la transición requiere un ajuste más fuerte.

Cuando José perdió su túnica de muchos colores, para sus hermanos fue una señal segura de que ya no iba a contar con el apoyo de su padre. ¿Dónde estaba su favor ahora? ¿Cuán importante era José sin esta túnica?

Este trágico evento hace que simpaticemos con José. Tuvo que soportar el rechazo, el sufrimiento y la soledad. Pero Dios tenía un propósito. Estaba usando aquella terrible ocasión para forzar a José a confiar en Él. Estaba desarrollando a José.

Cuando usted sufre adversidades en la vida y siente que la seguridad y el consuelo que ha recibido de parte de otras personas de las que ha dependido ya no está presente, ¿a dónde se vuelve? ¿Qué hace cuando las personas con las que solía contar ya no aparecen por ningún lugar? ¿Qué hace cuando el arroyo (la fuente de vida) se seca como le sucedió a Elías? (Vea 1 Reyes 17:7). ¿Cómo reacciona cuando un compañero cercano lo abandona, como hizo Demas cuando desertó y abandonó al apóstol Pablo? (Vea 2 Timoteo 4:10). Por encima de todo tenga en cuenta esto: tiene que mantener la perspectiva.

Entienda, Dios *tomó* la túnica de adolescencia e inmadurez de José porque ya José no la necesitaba. Si la hubiera necesitado, Dios nunca habría permitido que se la quitaran. Tan doloroso como pueda parecer, Dios removerá lo que usted no necesita con el objetivo de llevarlo al siguiente nivel. Pero no puede llegar allí si continúa agarrándose de sus formas inmaduras. Dios le quitará la primera túnica para sacarlo de la conducta infantil y hacia la madurez.

Al principio parece una gran pérdida cuando Dios le quita la túnica de inmadurez. Esto lo conduce a preguntarse cómo podrá continuar avanzando. Cuando esto sucede, Dios lo está empujando hacia el siguiente nivel. Lo que sea de lo que se estuviera agarrando, aquella relación o situación, si Dios quisiera que usted la tuviera, todavía la tendría.

Dios quiere llevarlo a un lugar de madurez donde Él pueda desarrollarlo y prepararlo, no solo para *recibir* una bendición sino para *convertirse en* una bendición. Ya no se trata solo de usted, sino de lo que Dios pueda obtener a través suyo para poder tocar a otros.

Cuando una prueba, un momento difícil o una tribulación se le presenta en el camino, Dios no está tanto probándolo como enseñándolo; lo que aprenderá en el proceso lo capacitará para ayudar a alguien más en su tiempo de tribulación. Cualquier cosa que sea lo que esté atravesando, Dios lo usará para ayudarlo.

> Dios quiere llevarlo a un lugar de madurez
> donde Él pueda desarrollarlo y prepararlo,
> no solo para recibir una bendición sino
> para convertirse en una bendición.

"Entonces tomaron ellos la túnica de José". Sus hermanos le quitaron a José aquello que lo distinguía, aquello que lo hacía diferente y lo apartaba de todos los demás. Ellos despreciaban su distinción. Lo hubieran dejado tranquilo si hubiera estado dispuesto a conformarse y convertirse en lo que querían que fuera, *uno más de ellos*.

¿Cuántas veces somos culpables de menospreciar a otros que son diferentes en el cuerpo de Cristo? Queremos que otros creyentes sean como nosotros, que alaben, se vistan, actúen y respondan justo como lo hacemos nosotros. Con demasiada frecuencia en la iglesia fruncimos el ceño al ver las distinciones que Dios ha hecho en vez de celebrarlas.

Nunca permita que nadie lo intimide, lo haga cambiar o lo convenza de que es anormal o de que está mal ser diferente. Lo diferente es bueno. Hay un destino en su distinción. Los hermanos de José pensaban que si le quitaban su túnica, podían quitarle también su autoestima, su destino y su mañana. Ellos pensaban que la túnica lo hacía diferente. No era la túnica lo que lo hacía diferente; ¡era Dios!

Los hermanos de José le arrancaron su hermosa túnica de muchos colores. Esto es extremadamente significativo, porque ellos percibían que la túnica era su identidad. Cuando veían la túnica, veían al niño mimado. Cuando veían la túnica, veían a su malcriado hermano menor que se creía que era gran cosa. La túnica era un recordatorio de quién era José a sus ojos. De modo que cuando le quitaron la túnica, estaban convencidos de que, de alguna manera, le estaban quitando su identidad, que no sería nada sin la túnica.

No pudieron darse cuenta, sin embargo, e que había mucho más acerca de José que solo su túnica. ¡La túnica era solo aquello que tenía; la túnica no era él! En el dilema divino en que José se encontraba, era necesario que perdiera la túnica, porque Dios sabía que al perder la túnica se encontraría a sí mismo. Se daría cuenta de que su identidad no estaba ligada a lo que tenía sino a lo que era. Una gran parte de encontrarse a sí mismo tuvo lugar solo después que perdió la túnica.

Usted es más que la túnica que está usando. No se trata del carro que conduce, de la ropa que usa, de su círculo de amigos, o del estatus social que pueda llegar a tener. Es más que la evaluación en la sociedad de las personas que lo rodean y que no comprenden en lo absoluto su distinción; casi siempre, con el tiempo le darán la espalda porque tiene el favor de Dios.

Tal vez se ha sentido maltratado, ha perdido relaciones o lo han acusado falsamente y usted lo atribuye a un ataque del infierno. No puedo garantizarle la fuente del ataque, pero puedo decirle el propósito de este. ¡Dios usará las circunstancias en las que parece que lo están maltratando o que otros lo están juzgando mal para arrancarle aquello que ya no necesita! No permita que su pasado dicte su futuro. Deje la túnica de la inmadurez; le está impidiendo llegar a la grandeza.

La túnica de la autosuficiencia

> Aconteció que entró él un día en casa para hacer
> su oficio, y no había nadie de los de casa allí. Y
> ella lo asió por su ropa, diciendo: Duerme con-
> migo. Entonces él dejó su ropa en las manos de
> ella, y huyó y salió.
>
> —GÉNESIS 39:11–12

Algunos eruditos han sugerido que José tenía aproximadamente diecisiete años cuando llegó a la casa de Potifar en
Egipto y que no entró a la presencia de Faraón hasta los treinta
años. Durante estos años es probable que se haya acostum-
brado a su posición, que haya sobresalido en ella y olvidado lo
que lo trajo allí en primer lugar: Dios.

Cuando las cosas están yendo bien, qué fácil es olvidar lo
que lo trajo allí en primer lugar: ¡Dios! Si el Señor no hubiera
estado con usted a lo largo de toda la confusión, las pruebas y
las tribulaciones, ¿dónde estaría ahora?

La única razón por la que no enloqueció, ni desistió, ni
abandonó su matrimonio, no cometió suicidio ni se desvió
fue porque el Señor estuvo con usted en todo momento. Incluso cuando no lo sabía, Dios estuvo allí todo el tiempo. En
las buenas y en las malas, la única razón por la que ha tenido
algún éxito es gracias a la bondad del Señor.

Durante esta época en la vida de José la Biblia dice que la
esposa de Potifar lo asió por su ropa. En el instante en que ella
lo asió, Dios sabía lo que venía y estaba listo. Al Señor no se le
puede tomar por sorpresa. De hecho, Dios iba a usar eso para
el bien de José y para el cumplimiento de su propósito. ¡Era un
ardid divino! Puede que ella le haya quitado sus ropas, pero
Dios tenía su corazón.

Dios estaba preparado para llevar a José al siguiente nivel, un lugar tan grande que no lo quedaría otro remedio que reconocer la bondad de Dios. Tenga en cuenta el lugar donde estaba José: el palacio de faraón, sirviendo bajo las órdenes del comandante mayor para el servicio secreto del rey. Potifar era el guardaespaldas principal de faraón. La probabilidad de que un joven y humilde esclavo hebreo asegurara una posición prestigiosa y prominente (el segundo al mando) era imposible en lo natural.

En estos grandes días creo que Dios quiere levantar una generación de personas a un nivel que, por ellos mismos, con su propia fuerza, es imposible obtener. Dios quiere promover personas a un nuevo nivel en los negocios, el gobierno y las relaciones, de modo que puedan ejercer su influencia en la sociedad, pero esas promociones nunca se alcanzarán sin la mano divina de Dios.

> Porque ni de oriente ni de occidente, ni del desierto viene el enaltecimiento. Mas Dios es el juez; a éste humilla, y a aquél enaltece.
> —Salmo 75:6–7

El tiempo había pasado desde que José había perdido su primera túnica y estoy seguro de que no había olvidado de dónde había venido, pero en lo natural no quería perder lo que tenía. Tenía cosas buenas. Tenía un empleo prominente en la casa de Potifar y no haría nada que pusiera en peligro su posición. Puede que las cosas no fueran perfectas, pero tampoco eran malas.

¿Qué haría si alguien le preguntara cómo obtuvo ese empleo? ¿Cómo obtuvo esa casa, ese auto o esa familia tan linda? ¿Cuál sería su respuesta? Sin importar cuánto se haya esforzado, no lo obtuvo por sus propias fuerzas. Evite la tentación de sentirse cómodo. A pesar de su éxito y de sus logros, Dios tiene algo más grande y mejor. ¡Dios no ha terminado con usted! Pero para hacer un cambio, una transición, para ir a un nuevo nivel, tiene que enfrentar el proceso. Tiene que perder la túnica. Tiene que estar dispuesto a someterse al proceso: quítese la túnica de la autosuficiencia y reemplácela con una *vestidura de fe*. Una clave esencial para la siguiente temporada es dejar esta. No puede permanecer donde está y, a la vez, llegar a donde va.

La Biblia dice: "Pero sin fe es imposible agradar a Dios" (Hebreos 11:6). Dios quiere llevarlo a un lugar donde Él pueda hacer lo imposible *en* usted y *por* usted. A menudo escucho a personas decir: "Pastor, no puedo hacerlo". ¡Qué bueno! Porque si usted pudiera hacerlo, entonces Dios no lo haría. El salmista declaró: "*Si* Jehová no edificare la casa, en vano trabajan los que la edifican" (Salmo 127:1, cursivas del autor).

Jesús dijo: "Para los hombres es imposible, mas para Dios, no" (Marcos 10:27). *Imposible* significa "incapaz de llevar a cabo, sin poder, o débil". El lugar de imposibilidad abre la puerta a los milagros. Nunca debe sentirse satisfecho con lo que es bueno. El enemigo de lo excelente es lo bueno. Dios quiere llevarlo a un nivel de grandeza, no solo al nivel de lo suficientemente bueno, sino de lo *más que bueno*.

De la misma manera, cuando Dios sacó a José de la casa de Potifar y lo llevó a la prisión, lo estaba preparando para algo mejor y más grande, más de lo que pudiera soñar o imaginar. En ese momento para José aquello no tenía ningún sentido. Al perder su túnica, fue a parar a la cárcel.

Dios quiere llevarlo a un nivel de grandeza, no solo al nivel de lo suficientemente bueno, sino de lo *más que bueno*.

¿Alguna vez ha estado en una situación en la que todo cambió de repente sin ninguna razón o sentido y pareciera que Dios permitiera que usted atravesara algo que no tenía ningún sentido? Es en esos momentos que lo que aparentemente luce desastroso puede ser el destino llevándolo a otro lugar; simplemente que todavía no lo sabe.

José fue a la prisión e incluso ahí floreció. Había estado a cargo de la casa de Potifar, o eso debió haber pensado, pero el siguiente lugar donde estaría requeriría que abandonara toda su autosuficiencia. (Dios tiene una peculiar forma de mostrarle que usted no es quien está a cargo; *Él lo está*). Pero este era solo un lugar de preparación.

Cuando José perdió la túnica, perdió su habilidad de depender de sí mismo. Puede que haya perdido su túnica pero no perdió su dignidad. Mientras estaba encadenado en un calabozo, prosperó.

Dios es capaz de hacerlo florecer donde otros ni siquiera pueden sobrevivir. Eso es lo que hace de usted alguien especial. Nunca lo hará atravesar algo a menos que le haya provisto una salida.

> Y tomó su amo a José, y lo puso en la cárcel, donde estaban los presos del rey, y estuvo allí en la cárcel. Pero Jehová estaba con José y le extendió su misericordia, y le dio gracia en los ojos del jefe de la cárcel.
>
> —GÉNESIS 39:20–21

Lea otra vez la primera línea del versículo 21: "*Pero* Jehová estaba con José..." (cursivas del autor). La conjunción *pero* no debe pasarse por alto. Necesita agradecerle a Dios por los "peros" que pone en medio de sus líos. ¿Dónde estaría usted si Dios no hubiera incluido esos "pero" en sus situaciones? José sabía que era mejor estar detrás de las rejas con Dios que en los brazos de la esposa de Potifar sin Él.

Es importante destacar que mientras estaba en prisión, José trabajó en el sueño de otros. ¡La mejor forma de hacer que su sueño se haga realidad es trabajar en el de alguien más!

He observado que, a menudo, cuando las personas atraviesan tiempos difíciles que les causan gran dolor, lo primero que hacen es apartarse del resto. Simplemente desean que los dejen solos. Se hunden en su lamento y su autocompasión, al sentirse confundidos y abandonados.

José hizo justamente lo contrario. No se sentó ni se enfurruñó; no se enojó ni se amargó. Encontró una manera de ser productivo porque el sueño estaba todavía dentro de él. A pesar del hecho de que todo había salido mal, todavía tenía un sueño.

Eso es lo que puede mantenerlo avanzando a usted también. Puede que hayan pasado años desde que Dios le dio un sueño, ¡pero todavía tiene que creer en su sueño! Dios le quitó a José la túnica de la autosuficiencia porque sabía que José nunca sería capaz de llegar a donde iba por su propia fuerza.

Cuando Dios lo libera a usted de sí mismo es un gran día, porque mientras opere en su propio poder, estará limitado. Es solamente a través del poder de Dios que lo imposible se libera en su vida.

La túnica de las ataduras

Las siguientes vestiduras que José tuvo que dejar a un lado fueron las vestiduras de prisionero, vestiduras que representaban las ataduras. Nada impedirá tanto que una persona alcance el destino que Dios le ha ordenado como las ataduras. Las ataduras son algo terrible y para que José avanzara hacia el siguiente lugar tenía que dejar atrás las ataduras.

Estar con ataduras es estar atado a alguien o a algo. La palabra *ataduras* de hecho tiene su origen en la palabra *boa*, como la serpiente boa constrictora. Alguien que está en ataduras está constreñido, amarrado y limitado. Una persona puede experimentar ataduras de miles de formas. A continuación presentamos solo algunas.

Ataduras de conducta

Una persona puede estar atada a patrones de conducta que sean opuestos a su propósito. Esto tiene que ver a menudo, aunque no siempre, con adicciones y deseos que son negativos y contrarios a una conducta positiva consistente que trae como consecuencia buenos resultados.

Ataduras a los fracasos del pasado

Una persona puede estar atada a su pasado, anclada y empujada de un lado a otro por los fracasos y sosteniendo todavía discrepancias del ayer. No puede caminar en la promesa de hoy debido a los errores y pecados del pasado que todavía está lamentando.

Ataduras a relaciones incorrectas

Tal vez la atadura más grande y más difícil de romper sea, sin embargo, la atadura a las relaciones incorrectas, aquellas personas que lo hacen caer.

Ataduras a heridas pasadas

José tenía ataduras por culpa de alguien más. Estaba en ataduras no por su propia culpa sino por lo que le había pasado. Sus perpetradores estaban libres, pero él estaba preso. ¿Acaso no es así como sucede a menudo? Las personas heridas y dañadas por las acciones de otros viven en esclavitud por aquello que les ha sucedido, aquel abandono, traición o abuso. Pareciera como si el culpable continuara con su vida intocable.

Me duele el corazón al ver tantos en el cuerpo de Cristo que están en ataduras por lo que les ha pasado en manos de otros. Viven sus vidas entre las tumbas del pasado, atados por lo que otros les han hecho.

Si alguien podía haber vivido su vida atado por las heridas del pasado, con toda seguridad ese era José: traicionado por su propia familia, acusado falsamente por la esposa de Potifar y encerrado en una prisión. Incluso cuando ayudó al copero del rey, el copero se olvidó de él y pasó otros dos años encerrado en el calabozo.

Cualquiera que haya sido su situación en el pasado, es peligroso vivir con ataduras, porque las ataduras son *asesinos de sueños* muy efectivos. Tiene que creer, a pesar de todo, que el plan de Dios no es que usted viva con ataduras. Por el contrario, su destino es la libertad.

Jesús dijo en Juan 8:36: "Así que, si el Hijo os libertare, seréis verdaderamente libres". La palabra *libre* en este pasaje se traduce del original griego *eleutheros*. Significa libre de ataduras; ¡significa una libertad total de todas las ataduras!

Los soñadores pueden y deben vivir por encima de todas las ataduras que les pueden impedir llegar a su destino. ¡Es hora de dejar a un lado las vestiduras de las ataduras y ponerse el ropaje de la alabanza, porque está encaminándose al siguiente nivel!

La túnica de autoridad

Y dijo Faraón a sus siervos: ¿Acaso hallaremos a otro hombre como éste, en quien esté el espíritu de Dios? Y dijo Faraón a José: Pues que Dios te ha hecho saber todo esto, no hay entendido ni sabio como tú. Tú estarás sobre mi casa,

> y por tu palabra se gobernará todo mi pueblo;
> solamente en el trono seré yo mayor que tú.
>
> Dijo además Faraón a José: He aquí yo te he
> puesto sobre toda la tierra de Egipto. Entonces
> Faraón quitó su anillo de su mano, y lo puso en
> la mano de José, y lo hizo vestir de ropas de lino
> finísimo, y puso un collar de oro en su cuello; y
> lo hizo subir en su segundo carro, y pregonaron
> delante de él: ¡Doblad la rodilla!; y lo puso sobre
> toda la tierra de Egipto.
>
> —GÉNESIS 41:38–43

Dios le quitó a José la túnica de autosuficiencia y lo llevó a un lugar donde iba a saber que había sido Dios quien lo había elevado de la cisterna al palacio. Incluso faraón se dio cuenta de que el Espíritu de Dios estaba sobre él y que era Dios el que le daba entendimiento. Dios es capaz de bendecirlo de tal manera que cuando logra avanzar, incluso el mundo tiene que decir: "Miren lo que Dios hizo por él (o ella)".

José perdió la túnica de la inmadurez a la edad de diecisiete años y no recibió la túnica de autoridad hasta los treinta. Recibió el llamado a los diecisiete, pero no fue promovido hasta los treinta. Esto se debe probablemente a que cuando llegó a los treinta, estaba preparado para llevarla; para ese entonces era un hombre diferente. Había vivido algunos años más y ahora estaba preparado. Solo piense en esto; había visto a sus hermanos inclinarse ante él cuando tenía diecisiete años. Pero en aquel momento solo había visto la parte en la que ellos reconocían su grandeza y, al inclinarse, reconocían también su autoridad.

En su sueño José vio a sus hermanos inclinarse ante su autoridad, pero no sabía lo que tendría que atravesar para alcanzar ese nivel de autoridad. Fue la autoridad en la que caminó José lo que hizo que sus hermanos tuvieran tal gesto de humildad.

La túnica de muchos colores ahora era una vestidura de autoridad. No se había inclinado ante él en aquel primer momento de su viaje. No fue hasta que José experimentó sus transiciones que ganó el derecho de usar la vestidura de autoridad. Sus experiencias lo habían facultado, impulsado y preparado para el sueño que Dios le había dado.

José reconoció que Dios había sido bueno con él. La Biblia dice: "Y llamó José el nombre del primogénito, Manasés; porque dijo: Dios me hizo olvidar todo mi trabajo, y toda la casa de mi padre" (Génesis 41:51). *Manasés* significa: "El Señor me ha hecho olvidar".

José fue tan bendecido y Dios fue tan bueno con él que esto hizo que dejara atrás el odio y los sentimientos enfermizos que pudo haber albergado hacia sus hermanos y hacia la esposa de Potifar. En cambio, decidió soltar el odio y los sentimientos enfermizos. Qué gran lección que debemos aprender: hay que soltar. Solo Dios puede ayudarlo a convertirse en un Manasés y olvidar todo.

> En su sueño José vio a sus hermanos inclinarse ante su autoridad, pero no sabía lo que tendría que atravesar para alcanzar ese nivel de autoridad.

Es tan común que las personas obtengan grandezas, riquezas, éxito y prosperidad personal y, no obstante, no tengan gozo, contentamiento y paz simplemente porque no pueden soltar el pasado. Se agarran de los recuerdos, las heridas y el dolor. Hablan sobre lo que les sucedió como si hubiera sido ayer.

Cuando los hermanos de José se pararon delante de él, no tuvo que perdonarlos, porque ya lo había hecho. No piense que no puede perdonar a alguien simplemente porque no le ha pedido perdón. Perdonar es un acto de la voluntad y no depende de la persona(s). El perdón no es para ellos; es para usted.

En vez de odiarlos, José se compadeció de sus hermanos. Era un hombre nuevo. Dios puede llevarlo a un lugar donde la bondad de Dios lo inunde de tal manera que en vez de despreciar a aquellos que le han hecho daño, en realidad los ame y se compadezca de ellos. Esta es una verdadera señal de madurez. Nunca obtendrá la túnica de autoridad hasta que no suelte el pasado.

> Entonces dijo José a sus hermanos: Acercaos ahora a mí. Y ellos se acercaron. Y él dijo: Yo soy José vuestro hermano, el que vendisteis para Egipto. Ahora, pues, no os entristezcáis, ni os pese de haberme vendido acá; porque para preservación de vida me envió Dios delante de vosotros. Pues ya ha habido dos años de hambre en medio de la tierra, y aún quedan cinco años en los cuales ni habrá arada ni siega. Y Dios me envió delante de vosotros, para preservaros posteridad sobre la tierra, y para daros vida por medio de gran liberación. Así, pues, no me enviasteis acá vosotros, sino Dios, que me ha puesto por padre de Faraón y por señor de toda su casa, y por gobernador en toda la tierra de Egipto.
>
> —GÉNESIS 45:4–8

José les dijo a sus hermanos que Dios estaba detrás de todo lo que había sucedido. Dios estaba llevando a cabo un plan para bien.

Para que José alcanzara el cumplimiento y el propósito de que sus hermanos se inclinaran ante él, tuvo que perder algunas túnicas. Antes de que avance hacia al siguiente capítulo que trata acerca de la difamación, haga un pequeño inventario de su vida. Cuando piense que su situación es mala porque ha perdido algunas cosas, relaciones, títulos, oportunidades, solo recuerde que el Señor está quitando esas cosas con el objetivo de poder alistarlo para algo más nuevo, grande, mejor y más excelso.

Capítulo 7

La difamación

Y dijeron el uno al otro: He aquí viene el soñador.
Ahora pues, venid, y matémosle y echémosle en
una cisterna, y diremos: Alguna mala bestia lo
devoró; y veremos qué será de sus sueños.
• *Génesis 37:19–20* •

TODOS HEMOS PASADO POR ESE MOMENTO EMBARAZOSO cuando alguien públicamente expone su opinión sobre otra persona de una manera cruel y ruda. A menudo otros se quedan sin habla cuando un ataque verbal los toma desprevenidos, con el objetivo de destruir la reputación de alguien. Eso es lo que se llama *difamación*. Puede incluir rumores, insinuaciones, indirectas, información de terceros, exageraciones o manipulación de hechos para presentar un cuadro falso de la persona que está siendo atacada.

Cuando ocurre una difamación, los individuos que están siendo víctimas de ello pueden sufrir el rechazo de la comunidad, de la familia o de miembros de su esfera de influencia. Su reputación se daña y puede ser un daño de por vida.

Tales actos son difíciles de revertir o justificar y, en algunos casos, empañan el nombre de la persona incluso después de su muerte. La difamación no es solo un intento de destruir a alguien; también es un intento de destruir el sueño de esa persona.

José era culpable de una cosa: ser un soñador. Sus hermanos lo odiaban a él y a sus palabras. Envidiaban el hecho de que su padre lo amaba. ¿Acaso era culpable José de ser el hijo menor? La túnica no fue idea suya; había sido un regalo de su padre. Si sus hermanos tenían que estar enojados con alguien, debía haber sido con su padre y no con él.

Despreciaban y detestaban la habilidad de José para soñar. Sus celos, inseguridades y fracaso para reconocer el favor de Dios los hizo caer en la trampa de la difamación. Una cosa es que hablen de usted, lo odien y lo calumnien los de afuera, pero cuando es su propia familia, duele profundamente.

Cuando José se acercó a sus hermanos en el campo, ellos hablaron mal de él. Estoy seguro de que no era la primera vez. Cuando José llegó a Dotán, donde sus hermanos estaban pastoreando el rebaño, se les presentó la oportunidad de llevar a cabo lo que habían estado pensando y discutiendo durante meses, si no años. Volcarían el odio alimentado y acumulado durante tanto tiempo en un plan para deshacerse de él.

Rubén y Judá eran los líderes de los hermanos, pero incluso ellos tenían una actitud de maldad contra José. Es asombroso lo que sucede cuando un grupo habla negativamente. Aquellos que son más fuertes se vuelven débiles. En vez de pararse a favor de José en sus posiciones de liderazgo, no apoyaron a su hermano menor en lo absoluto.

A lo largo de los años sus hermanos habían criticado tanto a José, tras sus espaldas, que cuando llegó, sus murmuraciones y maquinaciones llegaron al punto máximo. Durante años lo habían ridiculizado, despreciado y odiado. Sus pensamientos se convirtieron en palabras de odio y disgusto. Cuando usted habla repetidamente de alguien, sus palabras le destruyen la conciencia. No solo habla contra alguien sino que, con el tiempo, si no tiene cuidado, también piensa en lo que les haría si tuviera la oportunidad.

Las palabras de odio hacen que devalúe a las personas. Ya no las considera dignas de un estatus normal. Mientras más maldades dice, más probabilidades tiene de hacerse insensible. La conversación avanza de "son unos idiotas", a "esto es lo que me gustaría hacerles".

El sueño de José no tenía ningún significado para sus hermanos porque ellos lo habían devaluado. ¿Cómo podían apreciar su sueño si ni siquiera lo apreciaban a él? Lo echaron a la cisterna para que muriera, pero cuando pasó un grupo de mercaderes, vieron una oportunidad de quitarse la culpa y pasarla a otros.

> Y cuando pasaban los madianitas mercaderes, sacaron ellos a José de la cisterna, y le trajeron arriba, y le vendieron a los ismaelitas por veinte piezas de plata. Y llevaron a José a Egipto.
>
> —GÉNESIS 37:28

Esto me asombra. La Biblia dice que ellos vendieron a José por veinte piezas de plata. Se piensa que en los días de los patriarcas una pieza de plata representaba el valor de un siclo en los días de Jesús. En un artículo del 2003, un siclo equivalía a 64 centavos.[1] Veinte siclos, valorados en 64 centavos, equivale a $12.80.

Ellos decidieron que su propio hermano valía $12.80. Esa cantidad era una miseria incluso en aquellos días. Su opinión y valoración de José era menos de lo que costaba alimentar a un animal común durante una semana. A pesar de su acto cruel, su evaluación y su apreciación de José no determinaban el valor de este. Usted nunca puede permitir que la difamación carácter determine su valor. ¡Nunca permita que nadie en su vida tenga el poder de decirle cuánto vale!

No permita que las personas pongan un precio a su propósito

Llega un momento en su vida en el que debe negarse a permitir que la evaluación de otros se convierta en la evaluación que hace usted de sí mismo. La palabra *infravalorar*, según el diccionario Webster, significa "estimar poco, tratar como de poco valor".[2] Siempre tendrá que contender con aquellos que lo estiman poco, que no creen en su destino ni en su sueño ordenado por Dios.

Las creencias, palabras y acciones de otros no tienen el poder de colocar un precio a su propósito. Si José hubiera tenido una mentalidad de $12.80, nunca habría llegado al palacio. José estaba cerca de sus hermanos mientras ellos regateaban y hacían el trueque. ¿Qué habrá pasado por la mente de José cuando el mercader dijo: "Les daré veinte piezas de plata por el niño"? Tiene que haber pensado: "Mis sandalias valen tres veces más que eso". Lo que es más, cuando uno de sus hermanos dijo: "Vendido", ¿qué le cruzaría por la mente? "¿Eso es todo? ¡Tienen que estar bromeando!".

No vendieron a José por dinero. Su túnica de muchos colores probablemente valía miles de dólares. Cuando vendieron a José por un precio tan bajo, tenían un propósito: humillarlo. Estaban tratando de transmitir un mensaje: "Esto es lo que pensamos de ti, niño". La humillación es una estratagema del enemigo y él usará a aquellos que están más cerca de usted para tener éxito en su ofensa.

¿Cuántas personas han permitido que un sueño de un millón de dólares se reduzca a $12.80 debido a la difamación?

Cada día miles sino millones de adultos que escucharon estas palabras: "Nunca valdrás nada" cuando eran niños están paralizados por su pasado y son incapaces de triunfar en la actualidad. ¿Y qué hay de los compañeros de aula insensibles, de los abusivos y de los despiadados que molestan, atormentan y se burlan de los sueños de otros? ¿Qué efecto a largo plazo tienen estos asesinos de sueños? ¡Ninguno si usted lidia con ellos de la manera correcta!

Sepa cuando decir adiós

No permita que los rostros del pasado, aquellos que lo pasaron por alto, que lo consideraron un fracaso o alguien con ninguna oportunidad de triunfar, permanezcan en su presente. No se enfoque tanto en lo que perdió. Cualquier cosa que ya no esté en su vida no tenía nada que añadir a su vida o a su destino desde el momento en que se marchó.

Cualquier cosa que necesite, todavía la tiene. No determine su éxito basado en el lugar donde está sino en el lugar al que está yendo. Solo porque las personas no valoren su sueño, no disminuye su obligación de soñarlo y llevarlo a cabo. No puede tener un sueño de dieciséis por veinte si tiene una mente de cinco por siete.

Tiene que darse cuenta de que aquellos que le dieron la espalda o que lo vendieron eran impedimentos para lograr su sueño y su destino. Si lo abandonaron, usted no los necesitaba de todas maneras. Me imagino que José nunca pensó que sus hermanos le dieran la espalda. Hay personas que usted piensa que estarán siempre con usted. Hay relaciones que pensó que siempre tendría, pero por alguna razón le dieron la espalda o simplemente desaparecieron y ahora ya no forman parte de su vida.

Es entonces cuando tiene que ejercer el don espiritual

llamado "Adiós". Es cuando otros le dan la espalda y usted puede decir: "Nos vemos". José no murmuró, no rezongó ni se quejó por lo que sus hermanos le habían hecho. Nunca más lo vuelve a mencionar. Una vez que sucedió, se enfocó en el lugar adonde iba y en el que Dios quería que estuviera.

> Cualquier cosa que ya no esté en su vida no tenía nada que añadir a su vida o a su destino desde el momento en que se marchó.

En vez de inquietarse o preocuparse por aquellos que lo dejaron solo y lo dieron por muerto, tiene que ir a Walmart, comprar una tarjeta de agradecimiento, insertar algunos cupones y enviársela, agradeciéndoles por abandonarlo, porque no podrá llegar adonde Dios quiere que esté si tiene que arrastrarlos consigo. En vez de enfocarse en lo que perdió, enfóquese en lo que le queda.

> Ahora, así dice Jehová, Creador tuyo, oh Jacob, y Formador tuyo, oh Israel: No temas, porque yo te redimí; te puse nombre, mío eres tú. Cuando pases por las aguas, yo estaré contigo; y si por los ríos, no te anegarán. Cuando pases por el fuego, no te quemarás, ni la llama arderá en ti. Porque yo Jehová, Dios tuyo, el Santo de Israel, soy tu Salvador; a Egipto he dado por tu rescate, a Etiopía y a Seba por ti. Porque a mis ojos fuiste de gran estima, fuiste honorable, y yo te amé; daré, pues, hombres por ti, y naciones por tu vida.
>
> —Isaías 43:1–4

Dios dijo que usted es precioso a sus ojos. ¡Ser precioso es ser altamente valorado y único en su clase! Nunca debe permitir que la opinión que alguien tenga acerca de usted le robe su valor o lo que puede alcanzar. Con toda seguridad, los hermanos de José lo vendieron por $12.80 y Judas vendió a Jesús por $19.20 (treinta piezas de plata) y ¿quién puede poner un valor a Jesús? ¡Así que no tema cuando otros lo vendan por menos de lo que vale! ¡Usted es precioso, altamente valorado y único en su clase!

**En vez de enfocarse en lo que perdió,
enfóquese en lo que le queda.**

Allí estaba José, esclavizado y viajando en una caravana kilómetros y kilómetros hasta llegar a Egipto, en lo que es probable que fuera el viaje más largo que había hecho en su vida. Estoy seguro de que tuvo mucho tiempo para analizar los eventos que lo habían llevado hasta ese lugar, probablemente cientos de veces. Revivió la confrontación con sus hermanos, el momento en que lo lanzaron a la cisterna, para luego venderlo como un vil delincuente.

Cuando estaba en la cisterna, es probable que haya pensado que las cosas no podían ponerse más sombrías, cuando de repente todo empezó a ir de mal en peor. Pero en medio de su situación estresante Dios estaba haciendo que las cosas obraran para su bien. Cuando las cosas van mal y los asesinos del carácter lo asaltan, Dios está llevando a cabo su plan para llevarlo a donde quiere que esté.

El conflicto lo forma o lo destruye

> Y cuando pasaban los madianitas mercaderes, sacaron ellos a José de la cisterna, y le trajeron arriba.
>
> —Génesis 37:28

La palabra *madianita* es solo otra palabra para ismaelita. Significa "contienda o conflicto".[3] Piénselo, esto es poderoso, *fue el conflicto lo que ayudó a José a salir de la cisterna*. A veces usted no saldrá de la cisterna hasta que algún conflicto aparezca.

Conflicto significa "oposición, agitación y enojo". El conflicto tendrá en usted uno de estos dos efectos posibles: lo formará o lo destruirá. Es esencial que usted comprenda que el conflicto es aquello que probará su carácter. El problema con muchos es que tienen la tendencia de quedarse en la cisterna, abrumados por el conflicto, en vez de permitir que ese conflicto edifique su carácter y así cerrar la boca de los opositores y los difamadores.

Digamos que usted está conduciendo por la interestatal. Está escuchando alguna música nueva de alabanza y, en medio de su adoración, se distrae temporalmente, gira hacia la izquierda y se le atraviesa a alguien. Ellos le pitan y usted se apresura a regresar a su carril. Luego se le aproximan y lo miran. Usted los mira como diciendo "lo siento" y ellos lo insultan bárbaramente. ¿Se deja llevar por el impulso del momento y pierde su sentido de espiritualidad y les devuelve la ofensa?

¿Qué tal cuando alguien lo maldice en un momento de conflicto? ¿Aprovecha esa oportunidad para devolver la maldición? Después de todo, no lo conocen bien.

Puedo entender que esas cosas pasan en la vida real. Pero

si usted enfrenta las luchas, las tensiones y los conflictos de la forma apropiada y correcta, estos pueden convertirse en el combustible que lo impulsa hacia la promesa.

- El conflicto de su niñez puede hacer que usted se asegure de que las cosas sean diferentes para sus hijos.

- El conflicto de una relación o de un matrimonio fracasado puede usarse como combustible y motivación para hacer las cosas de una manera diferente la próxima vez que se encuentre en una situación similar.

- El conflicto que atravesó mientras estuvo trabajando para un jefe difícil puede hacer que se comporte de una manera diferente la próxima vez que tenga un empleo o una oportunidad.

El conflicto lo formará o lo destruirá. El conflicto lo elevará o lo devastará. Usted elige.

Puede que no sea capaz de controlar las circunstancias de su vida, pero puede hacer algo con el conflicto que estas traen consigo. En algún momento tiene que aprender a abrazar la adversidad, porque bien pudiera ser lo que lo sacará de la cisterna en la que está. José no lo sabía en aquel momento, pero el conflicto fue lo que lo ayudó a avanzar hacia su destino y hacia su sueño.

En la mente de José sus hermanos lo habían vendido. De hecho los madianitas (conflicto) eran su pasaje hacia la promesa. Estoy seguro de que habría preferido viajar en primera clase. Puedo entenderlo; yo también he viajado en bus. Pero a veces viajar en bus lo hace apreciar lo que está por venir. En el momento lo detesta, pero más tarde alabará a Dios por ello.

El proceso siempre es necesario para obtener la promesa. José estaba en el proceso y los madianitas eran de hecho parte de su *respuesta*, no parte de su *problema*. Habrá momentos en los que tendrá que enfrentar y atravesar cosas, pero cuando todo esté dicho y hecho, verá que simplemente han sido su medio de transporte hacia el siguiente nivel. Lo que parecía un camino sin salida era simplemente un desvío hacia el siguiente nivel. La victoria no está en cómo llegó allí, sino en dónde termina.

> Porque yo sé los pensamientos que tengo acerca
> de vosotros, dice Jehová, pensamientos de paz,
> y no de mal, para daros el fin que esperáis.
> —JEREMÍAS 29:11

Me encanta este versículo, no solo porque nos da una alentadora esperanza para el futuro, sino porque nos muestra que Dios ve las cosas de una manera diferente a nosotros. José tuvo un sueño. Se lo contó a su padre y a sus hermanos, pero no tenía la menor idea de cómo se cumpliría. Cuando su padre le pidió que fuera y viera a sus hermanos en los campos de Siquem, ellos no estaban allí.

Habrá momentos en los que tendrá que enfrentar y atravesar cosas, pero cuando todo esté dicho y hecho, verá que simplemente han sido su medio de transporte hacia el siguiente nivel.

Cuando usted sueña un sueño acerca de su destino, no siempre entiende cómo sucederá, a dónde tiene que mirar o cómo encontrarlo. En el proceso Dios lo enviará en un viaje que parece absurdo e insignificante. Estará en busca de una cosa y encontrará otra bien diferente.

Cuando José llegó, sus hermanos no estaban allí. Coincidentemente Dios colocó a un hombre en su camino que conocía a sus hermanos y conversó con él para darle a conocer el paradero de ellos. El hombre le preguntó: "¿Qué estás buscando?". Esta es una pregunta asombrosa: "¿Qué estás buscando?". José estaba simplemente cumpliendo la orden de su padre, pero su Padre celestial estaba preparando las cosas para el viaje hacia su sueño.

Cuando usted sueña, como José, no entenderá el significado o el tiempo en que se llevará a cabo. Es aquí donde: "Porque yo sé los pensamientos que tengo acerca de vosotros…" cobra sentido. Con el tiempo llegará a algún lugar, buscando algo y no estará allí. En ese momento se enfrentará con esta pregunta: "¿Qué estás buscando?". Este es el punto crucial en el proceso.

Si aquel hombre no hubiera estado allí, ¿qué habría sucedido? Es probable que José hubiera regresado a su casa y le hubiera dicho a su padre que no los había encontrado. Pero Dios tenía un plan, uno del que José no tenía la menor idea. Es aquí cuando usted necesita confiar: "Porque yo sé " Incluso cuando esté atravesando temporadas en las que no comprende, temporadas en las que no sabe, tiene que descansar en las palabras de Jehová: "Porque yo sé". Dios no está adivinando acerca de su futuro; *¡Él sabe!*

¿Cuántas veces ha escuchado o citado este versículo pero nunca se dio cuenta del versículo que está justo antes de esta promesa?

Porque así dijo Jehová: Cuando en Babilonia se cumplan los setenta años, yo os visitaré, y

> despertaré sobre vosotros mi buena palabra,
> para haceros volver a este lugar.
> —JEREMÍAS 29:10

¿Se da cuenta de que Dios antes dijo: "yo sé los pensamientos que tengo acerca de vosotros...pensamientos de paz", Dios no dijo: "Voy a mandarlos a la cautividad durante setenta años por los errores que han cometido"? Cuando en su vida se arma un "lío", puede ser eso mismo lo que lo encamine hacia su futuro.

Daniel estaba en la cautividad en Babilonia y estaba allí debido al lío que había armado los hijos de Dios. Era un prisionero de guerra y un profeta de Dios en una tierra extranjera. La Biblia dice que mientras Daniel estaba leyendo el libro de Jeremías, encontró un pasaje de las Escrituras que le proporcionó una increíble esperanza sobre el futuro.

> En el año primero de su reinado, yo Daniel miré
> atentamente en los libros el número de los años
> de que habló Jehová al profeta Jeremías, que ha-
> bían de cumplirse las desolaciones de Jerusalén
> en setenta años.
> —DANIEL 9:2

Fue Jeremías 29:10 y no Jeremías 29:11 el pasaje que le habló a Daniel. Descubrió que Dios tenía un plan y ese plan era hacer regresar a su pueblo a Jerusalén después de setenta años. De algún modo la promesa de un futuro y de una esperanza se había perdido en el proceso, pero después que Daniel leyó al profeta Jeremías, entendió que Dios iba a cambiar las cosas.

Cuando usted comienza el proceso, se siente confundido y perdido y otros preguntarán: "¿Qué estás buscando?" En ese momento usted no tiene idea de lo que está buscando. Una vez más, es entonces cuando tiene que confiar en las palabras "Porque yo sé…".

Sin embargo, en algún lugar a lo largo del proceso, comenzará a darse cuenta de que la cisterna, el rechazo y la difamación no vienen de parte del diablo sino de Dios. Llegará el momento cuando el "conocimiento cambia".

> Y sabemos que a los que aman a Dios, todas las cosas les ayudan a bien, esto es, a los que conforme a su propósito son llamados.
>
> —ROMANOS 8:28

Pablo estaba diciendo que, con el tiempo, ya no diríamos "Porque yo sé…", sino que más bien diríamos: "Y sabemos…". Algo que estaba escondido se ha revelado. Hubo un momento en el que solo Dios sabía que Él estaba en control, pero llega el momento cuando usted también se da cuenta de eso. Esa verdad penetra en usted y cuando lo golpea algo que parece ser una difamación tratando de sacarlo del paso, usted hará algo más que soportarla; la reconocerá de acuerdo a lo que es: el destino.

En el siguiente capítulo está a punto de aprender que el estrés puede ser parte de la estrategia de Dios, pero primero recuerde: no refunfuñará, ni se quejará, ni murmurará. En vez de esto, encontrará la paz en medio de su crisis porque *usted* sabe lo que Dios sabe. Usted está yendo a algún lugar y, si el ataque no hubiera venido, nunca llegaría adonde Dios lo quiere llevar. Los asesinos pensaron hacerle mal, pero Dios lo cambió para bien.

Capítulo 8

Estrés o estrategia

Llevado, pues, José a Egipto, Potifar oficial de Faraón,
capitán de la guardia, varón egipcio, lo compró
de los ismaelitas que lo habían llevado allá.
• *Génesis 39:1* •

TODOS ESTAMOS FAMILIARIZADOS CON EL ESTRÉS. Todos
lo experimentamos en diferentes formas y grados cada
día. En pequeñas dosis el estrés, de hecho, puede ser benefi-
cioso para usted. Cuando el estrés se hace demasiado grande,
sin embargo, puede afectarle física, mental e incluso, espiritualmente. La Biblia ilustra cómo Dios puede tomar sus
situaciones estresantes y transformarlas en *oportunidades
estratégicas.*

Quiero revelarle a usted algo muy poderoso: existe una
línea muy fina entre estrés y estrategia. Muchas veces en la
vida se encontrará inmerso en lo que considera que son situaciones estresantes solo para darse cuenta de que lo que usted
considera estrés, Dios lo considera estrategia.

La verdadera prueba, entonces, es discernir entre ambos.

Descubrir qué es estresante para su vida y qué es estratégico resulta absolutamente esencial. Estar armado con el poder de esa revelación lo coloca en la senda de la victoria segura.

Para ser capaz de entender la diferencia entre estrés y estrategia, tiene que comprender ante todo la fuente de ambos. El estrés es demoniaco y la estrategia es divina. Dios tiene una estrategia divina para lograr que usted tenga éxito, mientras que Satanás agita su vida con estrés demoniaco, procurando conducirlo a la muerte.

Existe una línea muy fina entre estrés y estrategia.

Con el objetivo de comprender mejor las diferencias, considere los significados de ambas palabras. *Estrés* se define como "fuerza, urgencia, presión, tensión y saturación". El estrés es ese lugar de estancamiento, un lugar donde está en un dilema que crea tensión y frustración. Es un lugar de agotamiento pero no de descanso, de hambre por soluciones pero sin ninguna vía a la vista para encontrarlas.

Es algo terrible estar bajo la presión del estrés. El estrés le robará su creatividad y lo sobrecargará con preocupación y ansiedad. El estrés le robará su paz mental, contaminará su propósito y le quitará todo el gozo de su vida. El estrés aniquilará su visión y, si no hace algo al respecto, ¡lo matará!

La estrategia, por otra parte, es algo totalmente diferente. *Estrategia* se define como "un plan de acción a largo plazo que se diseña para alcanzar una meta determinada". El estrés está diseñado para matarlo; la estrategia está diseñada para conducirlo a algún lugar. La verdadera forma de comprender las sutiles diferencias entre estrés y estrategia es determinar adónde lo están llevando los acontecimientos que están sucediendo actualmente en su vida.

El estrés devasta; la estrategia motiva. La motivación es algo poderoso, porque la palabra *motivación* es similar a la palabra *moción*, que tiene que ver con movimiento. ¡Alguien que está motivado es alguien que se está moviendo! La estrategia requerirá motivación y la motivación trae como consecuencia movimiento. Alguien que está estratégicamente motivado será alguien en movimiento.

Pero la motivación tiene su raíz en la palabra *motivo*. ¿Cuál es el motivo? El motivo es por qué hace lo que hace ¡y el motivo lo pone en movimiento! ¡La motivación es el motivo de su movimiento! ¡La estrategia lo ayudará a ponerse en movimiento con un motivo!

¿La presión que está enfrentando ahora lo está impulsando hacia su meta o está simplemente destruyendo su destino? ¿Está emocionalmente frustrado o incompleto? ¿Está perplejo o irritado por el lugar en que se encuentra en la vida pero, a pesar de ello, no tiene un plan para avanzar y salir de donde está? Si respondió afirmativamente a todas o a alguna de estas preguntas, ¡es muy probable que esté estresado!

José fue un hombre que conoció lo que es vivir con presiones extremas. Tuvo que lidiar con el odio permanente, creciente y malicioso de sus hermanos. Tuvo que lidiar con el estrés de que lo odiaran tanto que sus atormentadores lo echaron a una cisterna para que muriera. Luego partió hacia Egipto en un horrible viaje en cadenas. Después lo vendieron como esclavo y terminó en prisión. ¿Puede imaginárselo? ¡Y eso era solo la punta del iceberg!

Lo que no podemos ignorar, sin embargo, es el hecho de que la presión bajo la que estaba fue lo que lo impulsó hacia la meta suprema de su vida. El estrés produjo la bendición. ¡Dios usó la tensión para su bien!

A José lo echaron en la cisterna y, en la mente de sus hermanos, moriría allí. En la mente de José seguramente era una cisterna peligrosa. Pero vale la pena analizar más profundamente lo que estaba sucediendo allí…Dios estratégicamente lo había colocado allí. No era una cisterna peligrosa; era una cisterna estratégica. Nunca habría estado en la posición adecuada para avanzar hacia el siguiente nivel en su vida si no lo hubieran echado en la cisterna.

Algunos de ustedes está leyendo este libro en la cisterna; la cisterna de luchas, dolor, quebranto, enojo, decepción, traición, problemas de salud, problemas familiares. Usted está bajo ataque y las presiones están bombardeándolo e inundándole la mente. Está seguro de que está en una cisterna peligrosa. ¡Pero como hijo de Dios, no reciba eso! ¡Declare que esa es una cisterna estratégica! Nunca olvide que a José lo sacaron de esa cisterna y lo llevaron a Egipto porque estaba en el lugar correcto. Lo que parecía estrés era más bien estrategia. Este es un tema permanente en la vida de José. Dios cambiará la cisterna peligrosa en un lugar estratégico.

Reconocer la estrategia divina

A José lo llevaron a Egipto y luego lo subastan públicamente en cadenas. ¡Hablando de estrés! Un hombre llamado Potifar, que era un oficial de alto rango en el gobierno de Faraón, lo compra. Tan difícil de creer como es, Dios estaba en este asunto. La estrategia divina condujo a José al lugar donde estaba. Tan estresante como pudiera parecer esa situación en aquel momento, José estaba exactamente donde Dios quería que estuviera en aquel instante. ¡Esto es una prueba positiva de que usted puede estar precisamente en el centro de la voluntad de Dios para su vida aunque puede que no le guste donde esté!

La Biblia dice en Génesis 39:1 que Potifar era el "capitán de la guardia". Estudios más profundos revelan que el capitán de la guardia de hecho se llamaba "el capitán de los guardaespaldas". Algunos teólogos creen que este hombre puede haber estado a cargo de aquellas personas que estaban siendo vigiladas, enemigos del faraón, prisioneros políticos y toda clase de individuos. Pero como capitán de la guardia, muy bien pudo haber tenido la responsabilidad de guardar y proteger personalmente al faraón. Este hombre con este nivel de responsabilidad tiene que haber tenido un acceso casi total y sin restricciones al faraón.

Para servir en esta posición tenía que conocer al faraón mejor y más íntimamente que casi cualquier otra persona en el reino. Y de los miles de lugares a donde pudo haber ido a parar José como esclavo... *va a parar a la casa de Potifar, el capitán de la guardia.* ¿Es esto estrés, o estrategia?

¿Fue un accidente que José terminara en la casa de alguien que conocía y comprendía completamente la cultura egipcia? No solo eso, sino que también está en la casa de un hombre de gran influencia y que tiene prácticamente acceso ilimitado al faraón. Es probable que pocas personas en el reino conocieran al faraón mejor que Potifar. José está en la casa de un hombre que conocía cada deseo, disgusto, o gusto del faraón. ¿Cree que Potifar era como nosotros que a menudo, cuando llegamos del trabajo, hablamos sobre cómo nos fue? Es muy lógico asumir que hablara del faraón: al faraón le gusta esto, no le gusta aquello. Acepta esta clase de persona, rechaza aquella clase de persona, esto es conducta aceptable y aquello es conducta inaceptable.

José es el sirviente principal de la casa de este hombre y escuchaba estas conversaciones acerca del faraón, sin estar consciente en aquel momento que llegaría el día cuando lo sacarían de su celda en la prisión y lo llevarían a la presencia de Faraón. Me parece muy probable que, de muchas maneras, José puede haber estado en la escuela del faraón mientras servía como esclavo en la casa de Potifar. ¡Lo que parecía ser estrés en realidad era estrategia!

Para la época en que José se paró delante del faraón, ya sabía exactamente cómo comportarse, cómo reaccionar y responder. Creo que en gran parte fue debido al lugar donde había estado años antes de entrar en la presencia del faraón. Era necesario que hiciera aquel viaje peculiar. José tenía que pasar por lo que pasó para saber cómo comportarse cuando llegara al palacio. Era una estrategia divina.

Con frecuencia en la ruta hacia su destino en el palacio, Dios lo llevará a realidades de cisternas y prisiones. Sin embargo, eso es una estrategia divina, porque cuando atraviesa tiempos difíciles durante su viaje, estos tiempos difíciles le enseñan cómo actuar cuando llegue al destino y a la meta que Dios ha diseñado para usted. Dios lo coloca estratégicamente en situaciones donde es necesario que usted crezca.

¿Alguna vez ha conocido a alguien que ha llegado a un lugar de bendición y logros demasiado rápido? Cuando llegaron a ese lugar de bendición, en vez de estar llenos de gratitud, estaban llenos de orgullo.

Esto es especialmente cierto en la vida de José. Si hubiera llegado al palacio demasiado rápido, no habría sabido cómo comportarse. Se habría autodestruido. Pero el viaje lo había hecho humilde. El hombre que terminó en el palacio era un hombre diferente del que había empezado en la cisterna. Lo que atravesó José no fue tanto estrés como estrategia.

¡En su vida Dios lo llevará a lo largo de un proceso estratégico para que pueda actuar debidamente cuando reciba la promesa! Su primera prioridad es cambiarlo. Y tiene que cambiarlo verdaderamente antes de poder bendecirlo realmente.

Dios usó los tiempos más difíciles de José para impulsarlo hacia su destino divino.

Hay un gran pasaje en la Palabra de Dios que pone este

proceso en perspectiva. En Romanos 8:28 Pablo le dice a la iglesia en Roma estas palabras: "Y sabemos que a los que aman a Dios, todas las cosas les ayudan a bien, esto es, a los que conforme a su propósito son llamados". La parte más asombrosa de este pasaje de las Escrituras son estas siete palabras: *todas las cosas les ayudan a bien*. Ayudar a bien es de hecho la palabra griega *sunergeo*, que significa, "hecho para cooperar". ¡Todas las cosas están hechas para cooperar!

¡Una revelación de este pasaje puede transformar absolutamente la vida porque "todas las cosas" significa *todas las cosas*! Significa todo y nada, tiempos buenos, tiempos malos, tiempos de grandes victorias, tiempos de derrotas angustiosas, tiempos de ataques y tiempos de paz, tiempos cuando está encima del mundo y tiempos cuando el mundo está encima de usted, tiempos de gran fe cuando usted agrada a Dios y tiempos de Ismael cuando no confía en Dios... *todas las cosas*.

Los ismaeles del fracaso se convirtieron en el transporte que llevó a José a su siguiente dimensión. Incluso sus ismaeles lo están llevando a usted hacia su destino, *todas las cosas*. Esa relación fallida, ese enfrentamiento, ese fracaso, esa traición, esa crisis financiera, ese ataque violento inmerecido de parte de sus seres queridos, *todas las cosas*. Dios es tan grande y poderoso y omnisciente que es capaz de usar *todo* eso como estrategia. ¡Todo eso *tiene* que ayudar a bien, esto es, a los que conforme a su propósito son llamados!

El estrés le *cerrará* el paso; la estrategia le *abrirá* camino.

El enemigo desea usar todo lo que pueda en su contra. Desea que usted languidezca impotente en el fracaso, la fricción y la frustración de su pasado. Pero Dios no. El Señor desea que usted se sobreponga a su pasado y continúa avanzando hacia el destino que Él ha planificado para su vida. Dios usará todas las cosas de una manera estratégica para que usted alcance su destino. ¡Todas las cosas le ayudan a bien!

Incluso si usted está leyendo este libro, ¿por qué no detenerse ahora mismo y revisar las temporadas pasadas de su vida, lo bueno, lo malo y lo feo? Analice los problemas de las cisternas y los lugares de prisiones, véalo todo y declare por fe: "No permitiré que esto se convierta en un *estrés en* mi vida. Por el contrario, ¡será una *estrategia para* mi vida!".

Recuerde, el estrés le *cerrará* el paso; la estrategia le *abrirá* camino. Alguien que está leyendo esto necesita saber: ¡usted no se encamina hacia el fracaso; se encamina hacia la victoria! El Señor le está diciendo hoy: "Tuve que hacerte pasar por todo eso para cambiarte y alistarte para la promesa. ¡Todo está contribuyendo a un propósito!".

Ahora voltee la página para ir al siguiente capítulo y descubra lo que necesita saber para no cometer el "suicidio de un sueño".

Capítulo 9

El suicidio de un sueño

> Aconteció después de esto, que la mujer de su amo
> puso sus ojos en José, y dijo: Duerme conmigo. Y él
> no quiso, y dijo a la mujer de su amo: He aquí que mi
> señor no se preocupa conmigo de lo que hay en casa, y
> ha puesto en mi mano todo lo que tiene. No hay otro
> mayor que yo en esta casa, y ninguna cosa me ha
> reservado sino a ti, por cuanto tú eres su mujer; ¿cómo,
> pues, haría yo este grande mal, y pecaría contra Dios?
> Hablando ella a José cada día, y no escuchándola él
> para acostarse al lado de ella, para estar con ella.
> • *Génesis 39:7–10* •

EL TÉRMINO *SUICIDIO* PROVIENE DE LAS PALABRAS latinas *sui*, que significa "de uno mismo" y *cide*, que significa "muerte". Combinadas, la palabra *suicidio* significa matarse intencionadamente. Qué tragedia. Puedo pensar en pocas cosas más devastadoras y horrorosas en el mundo que el acto del suicidio. El suicidio es tan devastador porque habla de un fin. De muchas maneras, es el final.

A lo largo de muchos años en el ministerio una de las cosas más difíciles que he hecho es ayudar a alguna familia a sobreponerse del suicidio de un ser querido. Las familias en esta situación están consternadas y desconsoladas. La persona que se suicida deja detrás de él o de ella un inmenso mar de lágrimas.

El suicidio hiere muy profundamente. Conlleva un dolor muy agudo y resonante; grita: ¡se acabó, este es el final, el juego ha terminado! Una familia preciosa tiene ahora la tarea de recoger los pedazos y tratar de hacer que todo tenga sentido. La finalidad del suicidio es tan intensa porque cuando una persona comete suicidio, no solo muere ella, sino que su potencial de bondad, victoria, felicidad, productividad y realización también mueren con ella. Los más cercanos a ella lo saben y eso causa un gran dolor.

Uno de los dolores más grandes y lamentables es el dolor de lo que pudo haber sido pero nunca fue. Con más frecuencia de lo que se cree, la persona que se suicida ha perdido su visión de futuro y está atrapada totalmente en la desgracia del momento.

Pienso que el aspecto más devastador del suicidio es que después que una persona se suicida, aquellos que todavía están vivos tienen que lidiar con el dolor cada día, con el sufrimiento de preguntarse: "¿Qué pude haber hecho diferente? ¿Podía haber marcado la diferencia? ¿Por qué no vi venir esto?". Cada mañana se enfrentan otra vez con la muerte de aquel ser querido; la persona que amaban se ha ido, mientras ellos todavía están vivos.

De la misma manera el suicidio de un sueño es cuando usted mata y destruye sus propios sueños. Se encierra y se deja hipnotizar tanto por la desgracia del momento que pierde de vista la promesa que yace en su futuro. He visto muchos, especialmente en el ministerio, que pierden de vista sus sueños y, en un momento de indiscreción o desesperación cometen un suicidio de su sueño. ¿Puede imaginarse los efectos colaterales que esto tiene para su vida? ¡Se pierden grandes ministerios, grandes potenciales, grandes influencias, grandes relaciones, grandes oportunidades!

Como sucede con las consecuencias devastadoras del suicidio físico, el dolor del suicidio de un sueño es que su sueño está muerto pero usted todavía está vivo y cada día tiene que enfrentarse con el hecho de que usted fue el arquitecto de su propia muerte. Usted mató a su sueño. Está viviendo con el síndrome de lo que pudo haber sido pero nunca fue.

Peor todavía es ver a alguien literalmente viviendo el sueño y luego suicidando ese mismo sueño. Ahora viven cada día con el dolor del potencial al que renunciaron. Eso es dolor, vivir sabiendo que usted mató a su propio sueño. Y las preguntas son las mismas preguntas a las que se enfrenta una familia que ha sufrido el suicidio de un ser querido. En su desesperación, la persona que comete el suicidio de un sueño se preguntará: "¿Qué pude haber hecho diferente? ¿Cómo permití que esto sucediera? ¿Por qué no lo vi venir?" El suicidio de un sueño es devastador, porque el soñador todavía vive, aunque el sueño esté muerto.

Las experiencias de la vida están llenas de altibajos. Retos, dificultades y tribulaciones vendrán a tocar a la puerta de todas las personas en algún momento de su viaje. La manera en que los enfrente definirá la forma en que otros lo ven. Las pruebas que soporte son la cirugía reconstructiva de Dios y están diseñadas para hacerlo lucir mejor. Sin embargo, otros pueden ver esto de una manera muy diferente. Habrá momentos en que las personas piensen que si usted enfrenta adversidades es porque está maldito o que no podrá salir de esa situación.

No sea como muchas otras personas que enfrentan tiempos difíciles y asumen una mentalidad de víctimas, culpando a otros, resintiéndose y pensando que el mundo les debe algo por la "mala suerte" que han experimentado. Las heridas de la vida pueden dejar cicatrices que dicen mucho de lo que usted ha soportado. Heridas que representan aquello por lo que ha pasado. Heridas que representan aquello a lo que ha sobrevivido. No desprecie sus heridas.

> José tenía una realidad de esclavo, pero nunca tuvo una mentalidad de esclavo.

Qué fácil es que las personas en la iglesia escondan sus heridas para evitar que otros vean sus líos. Si un accidente le deja una cicatriz, es probable que quiera disimularla con maquillaje. Las personas hacen lo mismo desde el punto de vista emocional; intentan cubrir sus heridas, con miedo de lo que otros pensarán de ellas. Sus heridas, cicatrices y rasguños les recuerdan donde han estado y lo que han pasado en el viaje de la vida.

Este fue el caso de José. Había sufrido el odio de sus hermanos y enfrentado el canal de la desesperación y el camino del rechazo. No obstante, este trayecto hacia el palacio hizo algo más que elevarlo en el estatus social y político. Su promoción vino de parte del Señor y los beneficios de su presencia en la casa de Faraón trajeron como consecuencia las bendiciones del Señor.

José no se quedó con la cabeza baja sintiendo lástima de sí mismo. En cambio, continuó viéndose a sí mismo en la mano de su Creador, una promesa con un destino, un niño con un sueño. José tenía una realidad de esclavo, pero nunca tuvo una mentalidad de esclavo. Él era un soñador. Su mentalidad lo elevaba por encima de su realidad. Nada cambiará su realidad como lo hará el tener pensamientos de victoria. La mano de Dios descansaba en su vida y por eso él era capaz de elevarse.

Encontró formas de ser una bendición incluso en las circunstancias más difíciles. Aunque sus circunstancias no seas las ideales, la bendición de Dios sobre usted rebosará en otros. A menudo la verdadera prueba del favor de Dios no es tanto la bendición que usted recibe sino la capacidad que tiene de bendecir a otros.

> **Es importante ver lo que Dios está haciendo *en su vida*, pero aún más importante es ver lo que Dios está haciendo *a través de* su vida.**

La Palabra de Dios dice que por amor a José, la bendición del Señor estaba en *todo* lo que tenía en la *casa* y en el *campo*. Qué declaración tan asombrosa. Cuando Dios elevó a José, José no permitió que la promoción se le subiera a la cabeza. No se envaneció ni se enorgulleció. Por el contrario, este soñador reconoció que dondequiera que el Señor lo colocara, iba a cumplir su tarea como si el Señor fuera su patrón.

La Biblia dice que la bendición estaba en *todo* lo que tenía. En muchas ocasiones es fácil perder de vista dónde está usted y lo que Dios está haciendo. Es importante ver lo que Dios está haciendo *en* su vida, pero aún más importante es ver lo que Dios está haciendo *a través de* su vida. Debido a José, la casa y el campo de Potifar fueron bendecidos. No se enoje con Dios cuando otros a su alrededor obtengan una promoción, un aumento de salario, una casa nueva, un auto nuevo. No codicie ni tenga envidia.

Ellos reciben bendiciones porque usted todavía se da cuenta de que es un soñador. Donde está ahora no es donde se quedará. Si permanece fiel, en el tiempo debido Dios lo elevará. Pero mientras tanto, reconozca que su presencia traerá favor. Espere que otros, incluso aquellos que lo desprecian, lo ridiculizan o hasta lo odian, se beneficien de su compañía. De hecho, cuando otros comienzan a recibir favores no merecidos, entienda que está en el lugar donde se encuentra para ese momento. No subestime la temporada. Mantenga la cabeza en alto.

Todos enfrentaremos el dolor, algunos más que otros. Sus heridas no deben hacer que otros lo desprecien; debe hacerles reconocer la determinación y la fortaleza interior que usted posee que lo hace seguir avanzando, sin desistir ni darse por vencido. Encuentre los propósitos. En medio de sus dificultades necesita enfocarse en el proceso y en el propósito de los días difíciles. Detrás de cada desastre hay un soñador que brinda esperanza a otros.

Sus circunstancias no necesitan ser el comentario de su pasado ni lo que escriba su futuro. Dios es capaz de hacer que sus circunstancias más difíciles produzcan elevación en vez de devastación. Sus heridas, sus cicatrices y su dolor no apagarán a otros; harán que ellos reconozcan que Dios ha sido fiel y que su dilema de desesperación no lo ha invalidado sino que ha creado oportunidades para que usted se convierta en una bendición.

> Aconteció después de esto, que la mujer de su amo puso sus ojos en José, y dijo: Duerme conmigo. Y él no quiso, y dijo a la mujer de su amo: He aquí que mi señor no se preocupa conmigo de lo que hay en casa, y ha puesto en mi mano todo lo que tiene. No hay otro mayor que yo en esta casa, y ninguna cosa me ha reservado sino a ti, por cuanto tú eres su mujer; ¿cómo, pues, haría yo este grande mal, y pecaría

contra Dios? Hablando ella a José cada día, y no escuchándola él para acostarse al lado de ella, para estar con ella.

—GÉNESIS 39:7–10

La esposa de Potifar entró en acción. Se aprovechó de la situación de José como esclavo. Pensó que se sentía solo, miserable y desesperado debido a la situación detestable en que se encontraba. Pensó que sus circunstancias lo habían llevado a convertirse en una víctima, en alguien vulnerable. Estaba segura de que iba a querer estar con ella. Sin embargo, José no veía su condición como una maldición sino como una bendición.

Detrás de cada desastre hay un soñador que brinda esperanza a otros.

Era cierto; José estaba en una posición de esclavitud y podía haber recibido cierta clase de consuelo distorsionado al estar con esta mujer. Después de todo, era un esclavo al que habían sacado de su mundo. Su situación lo había privado de relaciones, seguridad y libertad. No obstante, incluso en la esclavitud, este soñador nunca olvidó quién era.

¿Acaso no resulta asombroso con cuánta frecuencia las personas le echan la culpa de su pecado a las circunstancias? Dicen cosas como: "Dios entiende y conoce lo que estoy viviendo y lo que estoy enfrentando. Dios sabe que necesito emprender este viaje que estoy comenzando. Dios conoce mi corazón. He pasado mucho, me merezco esto".

Pero la verdad es que Dios conoce cuánta presión usted puede soportar. Conoce lo que lo formará y lo que lo destruirá.

No olvide quién es

¡En medio de su prueba no olvide quién es y a quién le pertenece! José no podía deshacerse de lo que era. Un paso importante para caer en el pecado y hacer concesiones es permitir que su situación le haga perder de vista quién es. José no perdió su identidad. El hecho de que estaba lejos de su familia, de su pueblo y de sus costumbres no significaba que permitiría que su situación redefiniera quién era él.

La esposa de Potifar había subestimado a José. Intentó aprovecharse de alguien que pensaba que estaba sumido en la autocompasión. Pero no era así cómo José percibía su situación. Cuando usted permite que lo que le rodea redefina su carácter, cederá al pecado. Si se olvida de quién es o a quién pertenece, permitirá que su corazón comience a hacer concesiones. En ese momento estará en el valle de la decisión.

El momento en que olvida quién es será el día cuando cometerá el suicidio de su sueño. La esposa de Potifar no podía matar el sueño dentro de José. Solo José podía matar su sueño. El intento de seducción de esta mujer era una tentación lujuriosa, pero no fue suficiente para destruir el sueño de José. José tuvo que actuar al respecto para que esto no devastara su futuro.

Con demasiada frecuencia las personas permiten que sus problemas reclasifiquen su condición. Un esposo pierde el interés de su esposa porque los hijos demandan más de su tiempo, lo que trae como consecuencia que reposicione sus emociones. Entonces aparece la mujer en su centro de trabajo, aquella que le muestra afecto, y puede hacer que él reclasifique sus votos y el compromiso con sus hijos. Si no guarda su corazón, permitirá que la decepción se convierta en desinterés y luego creerá que la chica del trabajo se interesa más por él que su cónyuge.

Usted y yo no somos diferentes de este hombre. Soy un hombre que enfrenta la tentación. Sin embargo, nunca debo olvidar quién soy. Si recuerdo quién soy, permaneceré en el curso correcto. Si recuerdo quién soy, no cometeré el suicidio de un sueño. ¿Quién soy yo? Soy un esposo. Soy un padre. Soy un pastor. Soy el ejemplo de alguien y soy un soñador. Como soñador, hay ciertas cosas que no puedo y no debo hacer. Sé que enfrentaré la tentación y que si sucumbo a ella puede estropear mi sueño.

¡No estropee su sueño! ¿Qué impedirá que usted haga concesiones? ¿Qué lo detendrá cuando está haciendo negociaciones con su conciencia? ¿Cómo se aleja de la tentación de engañar a su cónyuge, de mentir para obtener una promoción o de rendirse al incentivo del placer? ¡Usted vencerá cuando recuerde quién es! Con demasiada frecuencia las personas que viven en la autocompasión y el lamento se convencerán a sí mismas de que son víctimas de las circunstancias y permitirán que su carne se rinda a sus deseos. El hombre o la mujer en su trabajo no harán que usted renuncie a su sueño. Será usted. Él o ella es solo un peón en las manos de Satanás para desviarlo de lo que Dios tiene para usted. No puede permitir que sus malestares temporales o las decepciones lo desvíen de su sueño y de su destino.

La Biblia dice: "No os ha sobrevenido ninguna tentación que no sea humana; pero fiel es Dios, que no os dejará ser tentados más de lo que podéis resistir, sino que dará también juntamente con la tentación la salida, para que podáis soportar" (1 Corintios 10:13). Si usted cede en el tiempo de la tentación, será porque se alejará de la puerta de salida. Dios no lo dejará ser tentado más de lo que puede resistir. Busque la puerta de salida, porque siempre hay una. La esposa de Potifar tenía puestos los ojos en la cama; ¡pero José los tenía en la puerta!

Solo usted mismo puede meterse en la trampa del pecado. Es la lujuria de la carne, los ojos de la carne y el orgullo de este mundo lo que hará que usted cometa un suicidio de su sueño. José se negó a hacer concesiones cuando reconoció que dormir con la esposa de Potifar no solo pondría en peligro su trabajo, haría que perdiera el favor y, probablemente, hasta lo matarían por tal acto. José reconoció cómo esto afectaría su relación con su Creador, cuando dijo: "¿Cómo, pues, haría yo este grande mal, y pecaría contra Dios?". Se dio cuenta de que serían sus acciones y no la tentación *de ella* lo que mataría su sueño.

No puede permitir que sus malestares temporales o las decepciones lo desvíen de su sueño y de su destino.

Es trágico cuando sus acciones hacen que usted cometa un suicidio de su sueño. Con el corazón destrozado, he visto pastores y esposos, personas de negocios y amigos con grandes destinos matar sus propios sueños. Olvidan quiénes son y, en un momento de descuido y concesiones, matan su propio sueño.

Debe tener cuidado de no convertirse en el asesino de su propio sueño. Lo que en realidad sostuvo a José fue esto: José nunca vaciló en su compromiso con Dios. A pesar de que no quería traicionar su compromiso con Potifar, su preocupación principal era su propio caminar con Dios. El andar de José con Dios fue lo que, en última instancia, preservó su sueño en un momento de gran tentación.

José tuvo la capacidad de verlo como lo que era. Una trampa que habría estropeado su sueño. El suicidio de un sueño es una forma terrible de morir. Qué trágico es que usted se convierta en el asesino de sus propios sueños. ¡Pero ahora que sabe cómo mantener vivos sus sueños, esté alerta ante cualquier trampa!

Capítulo 10

Listo para un arreglo

Y se sentaron a comer pan; y alzando los ojos
miraron, y he aquí una compañía de ismaelitas
que venía de Galaad, y sus camellos traían aromas,
bálsamo y mirra, e iban a llevarlo a Egipto.
• *Génesis 37:25* •

¿HA ASISTIDO ALGUNA VEZ A UNA FIESTA DE cumpleaños sorpresa donde la persona homenajeada no tiene idea de los planes ni de los participantes que están presentes en la celebración? La persona abre la puerta, enciende la luz y los invitados saltan y gritan: "¡Sorpresa!". Esos son momentos increíbles.

Me he dado cuenta de una cosa; la vida está llena de temporadas de sorpresas. ¿Qué hace y cómo responde cuando la vida salta de repente y grita: "¡Sorpresa!"? Si todavía no le ha pasado, espere un poco; ese día está por llegar. La vida tiene formas extrañas de lanzarnos una curva y acabar con nuestros planes. En estas situaciones la mayoría de las personas le hacen a Dios las misma preguntas: "¿Qué está pasando y por qué?

Esto no es lo que yo esperaba". De hecho, la palabra *sorpresa* literalmente significa "un evento repentino e inesperado".

¡Una de las cosas que más me gusta acerca de Dios es que nunca se sorprende! Si celebrara su cumpleaños (cosa que no hace), nunca podríamos darle una fiesta sorpresa.

Él es omnisciente. *Omnisciente* es una de las palabras que se usan para describir a Dios y simplemente significa que todo lo sabe. De hecho, la palabra *omnisciente* en realidad tiene su fuente en dos palabras: *omni* y *ciencia*. *Omni* significa todo y *ciencia* se define como conocimiento.

Dios tiene todo el conocimiento. ¡Eso significa que Dios ya conoce aquello que le ha hecho a usted romperse la cabeza en el intento de descifrarlo! A Él nunca nada le toma por sorpresa o desprevenido. Lo sabe todo y eso es un hecho. ¡Dios es el que todo lo sabe desde el principio!

Cuando usted cae, fracasa, lucha y tropieza, Dios sabía que eso iba a suceder incluso antes de que pasara. Esta es la verdad emocionante del amor de Dios: Él continúa amándolo a pesar de que conoce de antemano su pecado. Eso es amor.

Es difícil imaginarse amar a alguien incluso cuando sabe que esa persona le va a hacer daño, lo traicionará y lo decepcionará. Esto es diametralmente opuesto a la forma en la que desea lidiar con aquellos que contienden con usted, lo decepcionan o lo desilusionan. De hecho, estoy seguro de que más bien se alejará de las personas que le causan problemas o dolor. Pero Dios no. Él nos ama a cada uno de nosotros a pesar de nuestros fracasos.

Tenga cuidado, le están preparando una sorpresa

A lo largo de la Biblia, Dios usó a personas que estaban muy lejos de ser perfectas y, de hecho, algunas lidiaron con asuntos muy serios. David tuvo a Betsabé, Moisés tuvo un problema con el enojo, Pedro era un maldiciente ¿y Abraham? Bueno, Abraham tuvo a Ismael.

¿Por qué menciono a Ismael? En la vida de José tuvo lugar una sorpresa divina que comenzó mucho antes de que él naciera. Empezó cuando Abraham tuvo a Ismael. Profundicemos un poco más en el trasfondo de esta historia.

Es probable que haya escuchado la historia de Abraham muchas veces. En Génesis 12 usted puede leer que Dios le prometió a Abraham que sería el padre de muchas naciones. Pasaron los años y Abraham y Sara no veían que pasaba nada, de modo que decidieron ayudar a Dios. Ese fue el error monumental de Abraham, ¡asumir que Dios necesitaba ayuda!

Me he dado cuenta de que Dios no necesita mi ayuda; ¡yo necesito la de Él! Usted y yo nos metemos en problemas cuando tratamos de hacer que algo pase antes de que llegue su tiempo. Podría hacer algo que pareciera ser correcto en un momento equivocado y fallar. Por ejemplo, el matrimonio puede ser algo correcto, pero cuando se lleva a cabo en el momento equivocado, ¡puede ser desastroso!

Cuando usted camina en obediencia a Dios, sus promesas no tienen fecha de vencimiento.

Abraham decidió que el tiempo para que se cumpliera la promesa de Dios se estaba agotando, en términos actuales pudiéramos decir: "Su reloj biológico estaba sonando" y se embarcó en lo que sería su mayor fracaso y falta de confianza en el Señor.

En realidad, perdió de vista una poderosa verdad que es inmutable y eterna: cuando usted camina en obediencia a

Dios, sus promesas no tienen fecha de vencimiento. Incluso ahora, si está caminando en obediencia a Dios y todavía no ha visto sus promesas hacerse realidad, ¡no se rinda!

Abraham no pudo entender que Dios lo tenía todo bajo control; pensó que el Señor simplemente no podía hacerlo. Tomó el asunto en sus propias manos y tuvo un hijo con la sirvienta de Sara, Agar, al que llamaron Ismael. El problema es que Dios nunca le dijo que hiciera eso. Abraham, el hombre de fe y poder de Dios, el padre de nuestra fe, tuvo un Ismael.

Pero ¿cómo se conecta esto con José? Como mencioné en el capítulo 7, los madianitas, también llamados *ismaelitas*, fueron el vehículo de la promesa de Dios. Fueron los ismaelitas los que llevaron a José desde la cisterna hasta Egipto. Se llamaban ismaelitas porque eran descendientes de Ismael, el hijo del bisabuelo de José, Abraham.

Ismael fue tal vez el único error de Abraham en su andar de fe. Y, no obstante, Dios usó el resbalón de Abraham para preservar su propio linaje años después. De modo que lo que usted o yo podamos llamar un Ismael (un acto equivocado), Dios lo llama un detector de movimiento. Si no hubiera sido por Ismael, José no habría salido de la cisterna. Dios puede tomar su Ismael y transformarlo en un José.

Estoy seguro de que tiene ismaeles (errores) en su pasado y que el diablo ha estado tratando de usarlos en contra suya. Déjeselo a Dios. Él puede tomar el resbalón más grande de su vida y usarlo para preservarlo. Hay fracasos en su vida que, con toda seguridad, pensó que acabarían por destruirlo. Pero cuando Dios interviene, es capaz de transformarlos para que, de alguna manera, lo preserven en el futuro.

Ismael representaba el fracaso más grande de Abraham. Representaba la falta de confianza y fe en Dios, porque en la mente de Abraham, Dios no se estaba moviendo lo suficientemente rápido para darle un hijo, de modo que tomó el asunto en sus propias manos y durmió con la sirvienta de su esposa, Agar. El fruto de esa unión fue Ismael. Es por eso que Ismael simboliza el fracaso de Abraham.

Pero lo hermoso de Dios es que usó el Ismael de Abraham, su fracaso, para cumplir la promesa que le había hecho a Abraham y preservar su posteridad. Sin los ismaelitas, José no habría llegado a Egipto y los descendientes de Abraham habrían muerto de hambre. Dios usó el Ismael de Abraham para rescatar y preservar su linaje. A pesar de que Ismael representaba el fracaso, ¡Dios es tan grande que usó el fracaso de Abraham para bendecirlo a él y a sus descendientes!

Esto es poderoso porque incluso su fracaso puede transformarse y ser usado por Dios como una estrategia para su vida con el objetivo de ayudarlo a llegar al bien que Dios le ha prometido. ¡Dios puede hacer que incluso sus ismaeles lo bendigan! Los ismaelitas fueron el medio de transporte de José hacia la promesa. Hay destino en usted y Dios está de su lado; su futuro es más grande que su fracaso. ¡Dios usará los reveses de su fracaso como un arreglo para su victoria!

> Incluso su fracaso puede transformarse
> y ser usado por Dios como una estrategia
> para su vida con el objetivo de ayudarlo a
> llegar al bien que Dios le ha prometido.

Ahora usted está leyendo este libro y está pensando en aquella época en que tuvo un Ismael, cuando cedió a la tentación, cuando tomó una decisión incorrecta, cuando lidió con una situación a su manera y no a la manera de Dios. Pensó que había creado un revés tan grande que iba a ser imposible que el plan de Dios se cumpliera en su vida.

Pero a Dios no lo tomó desprevenido. No lo sorprendió ni siquiera un poco. Él sabía que sucedería y sabía que lo que parecía ser un revés se convertiría en un arreglo para su destino. Dios es especialista en convertir los reveses en arreglos.

Si insiste en tratar de lidiar con las cosas con sus propias fuerzas, su propia sabiduría y su propio entendimiento limitado, continuará creando reveses. Pero si se vuelve a Dios, Él no solo lo librará de continuar creando reveses, sino que también tomará esos reveses del pasado, aquellos fracasos y aquellas tragedias, y las usará para arreglar su destino y cumplir sus sueños.

Dios está escuchando

Hay otro punto interesante que quiero mostrarle acerca de Ismael. No le dieron el nombre de Ismael por accidente. En Génesis 16 un ángel del Señor se le aparece a la madre de Ismael, Agar, y le dice que le ponga a su hijo el nombre Ismael. El nombre *Ismael* significa "Dios oye".[1] ¡Oh! Esta es una revelación tan increíble del amor de Dios. ¿Por qué? Porque Ismael representa el fracaso de Abraham, su falta de confianza y su desobediencia al plan de Dios. ¡No obstante, incluso en medio del fracaso de Abraham, el Señor todavía estaba oyendo!

El Señor lo oye a usted incluso cuando le falla. El Señor no lo ignora ni se aparta o se distancia. ¡El Señor todavía lo oye! ¿Dónde estaría usted si sus fracasos, fallos, pecados y concesiones hubieran hecho que Dios dejara de oír sus gritos desesperados en busca de ayuda?

Las personas no lo escucharán; incluso su propia familia dejará de escucharlo si va demasiado lejos. Pero hoy le traigo buenas noticias: incluso si usted tiene muchos errores y muchos ismaeles, incluso si ha cortado y herido el corazón de Dios, ¡el Señor está escuchando!

Está escuchando al adolescente rebelde. Está escuchando al que batalla con el alcohol. Está escuchando al que ha caído en trampas y engaños sexuales. Dios está escuchando. ¡Incluso a aquella persona que está en rebelión, Dios la está escuchando! Cuando nadie está escuchando, Dios sí.

Todos tenemos ismaeles, pero nuestros ismaeles nunca son una sorpresa para Dios. Él sabía que venían incluso antes de que se concibieran. Dios está listo para convertir esos reveses en arreglos para nuestro futuro si se lo permitimos.

Según Génesis 16:12, un ángel declaró que Ismael sería hombre fiero, que lucharía y resistiría a todos y a todo a su alrededor. Eso es lo que hacen los ismaeles de la vida: luchan contra su destino; se resisten e intentan desviarlo del mejor plan de Dios para su vida. El enemigo ha determinado que sus ismaeles impedirán que usted alcance el propósito y el plan de Dios para su vida, ¡pero la asombrosa gracia de Dios es más grande que sus ismaeles!

Dios puede ver el futuro. Él sabe lo que puede destruirlo a usted o a su familia. Cuando lo coloca en el curso hacia su destino, para que cumpla su voluntad y sus promesas, la senda puede parecer desagradable o incómoda para su carne (su naturaleza humana). Sin embargo, si puede descansar en Él, sabiendo que es omnisciente y que tiene el control de todo, ¡su viaje puede convertirse en el camino a la restauración!

Como soñador usted tomará sendas inusuales para cumplir su sueño, experimentará lo que parecen ser reveses pero, a la larga, la promesa lo conducirá a la prosperidad. Al final triunfará. Así como José, cuando se acabe, mirará atrás y dirá: "Lo que el enemigo pensó para mal Dios lo usó para bien". Lo que el enemigo diseñó como un revés, Dios lo usó como un arreglo.

Es algo increíble ver a Dios usando sus ismaeles. A lo largo de los años he conocido muchas personas que batallan con grandes ismaeles. Y me he quedado asombrado de cómo Dios usa esos ismaeles para convertirlos en una bendición. He visto a Dios usar los ismaeles de personas que eran adictos a las drogas, prostitutas, reincidentes y más y usarlos como una herramienta para ayudar a otros en su viaje. Nunca lo olvide: ¡a veces lo que parece un revés es en realidad un arreglo!

A continuación, descubra las bases que podemos aprender de la vida de José para hallar favor.

Capítulo 11

Las bases para hallar el favor

El Señor estaba con José y hacía
prosperar todo lo que él hacía.
• *Génesis 39:23, NVI* •

JOSÉ FUE UN HOMBRE QUE, SIN LUGAR A DUDAS, ATRAVESÓ
las situaciones más imposibles. Su historia incluye tiempos
de victorias incomparable y sin precedentes, junto con desgarradoras y desalentadoras temporadas de desesperación. Cuando
usted evalúa partes de su vida, pareciera que tenía cualquier
cosa menos favor. Pero una mirada más de cerca revelará una
realidad muy poderosa. José halló favor incluso en las épocas
más difíciles. Ese es uno de los componentes esenciales en la
vida de este asombroso soñador. Fue capaz de sacar el mayor
provecho incluso de las situaciones más duras. Su tenacidad con
el tiempo lo catapultó hacia el cumplimiento de su sueño.

Todo lo que tiene que hacer es analizar su historia y encontrará el favor brillando en todas las partes oscuras de
la misma. Piense en esto: a pesar de que sus hermanos lo

odiaban, José tenía el favor de su padre. A pesar de que lo vendieron con esclavo, halló favor a los ojos de Potifar. Sí, lo echaron en la prisión injustamente, pero incluso en la prisión halló favor. Con el tiempo, el favor lo llevó a ser el segundo al mando en todo el reino, solo bajo las órdenes de Faraón. No se equivoque; el favor es algo que es innegablemente poderoso.

> **En ocasiones, para hallar el favor de aquellos con los que debe hallarlo, tendrá que sacrificar el favor de otros que no necesita.**

Entienda que José hallaba favor en todas las situaciones con aquellos con los que debía hallarlo. Sé que la siguiente declaración puede parecer intensa y difícil de explicar en su mente. Pero escuche con atención: hay algunas personas en su vida con las que nunca experimentará el favor. Sin importar cuánto se esfuerce o lo que haga, nunca obtendrá su favor o su apoyo. Así que deje de intentarlo.

El favor que importa

José no necesitaba el favor de sus hermanos; necesitaba el favor de su padre. No necesitaba el favor de los otros sirvientes en la casa de Potifar; necesitaba el favor del mismo Potifar. José no necesitaba el favor de los prisioneros en la prisión; ¡necesitaba el favor del hombre que estaba al mando!

Hay una verdad muy poderosa que no puede darse el lujo de ignorar mientras persevera para alcanzar su sueño: en ocasiones, para hallar el favor de aquellos con los que debe hallarlo, tendrá que sacrificar el favor de otros que no necesita.

Debe leer otra vez esta última oración. ¡Es tiempo de

liberarse del intento de hallar el favor de aquellos que no tienen el poder para ayudarlo en lo que se refiere a su sueño y a su destino! Si José hubiera buscado el favor de sus hermanos y hubiera estado dispuesto a hacer concesiones para obtenerlo, nunca habría visto su sueño hacerse realidad.

Hágase una pregunta honesta: "¿Estoy dispuesto a sacrificar el favor de aquellos que no necesito con el objetivo de ganar el favor de aquellos que sí?". Si lo está, quiero que haga algo. Ahora mismo deténgase y repita esta poderosa oración que desata el destino y hace cumplir los sueños.

> *Padre celestial, en el nombre de Jesús te pido no solo que me concedes favor; ¡concédeme el favor de aquellos que necesito! ¡Libera sobre mi vida el favor de las personas que pueden hacer que mis sueños se hagan realidad! Lo recibo por fe. En el nombre de Jesús, ¡amén!*

Observemos más detenidamente el viaje de José para descubrir más acerca de cómo y por qué descansaba sobre su vida tanto asombroso favor.

> Mandó que echaran a José en la cárcel donde estaban los presos del rey. Pero aun en la cárcel el *Señor* estaba con él y no dejó de mostrarle su amor. Hizo que se ganara la confianza del guardia de la cárcel, el cual puso a José a cargo de todos los prisioneros y de todo lo que allí se hacía. Como el *Señor* estaba con José y hacía prosperar todo lo que él hacía, el guardia de la cárcel no se preocupaba de nada de lo que dejaba en sus manos.
>
> —GÉNESIS 39:20–23, NVI

Favor es más que habilidad, va más allá de la suerte y, a menudo, es inmerecido y casi siempre inesperado. La Biblia dice que el Señor le dio favor a José. *Favor* es una palabra muy poderosa. En el Antiguo Testamento la palabra inglesa *favor* se traduce de la palabra hebrea *kjen*. Significa "gracia, aceptación y buena voluntad". En todo lo que José enfrentó y atravesó, es importante descubrir las claves que lo condujeron al favor en circunstancias desfavorables ¡porque Dios puede y va a proveer favor para usted sin importar cuán desfavorables sean sus circunstancias!

Lo más importante que condujo al favor y al éxito de José se encuentra en Génesis 39:2 (énfasis añadido):

> Jehová estaba con José, y fue varón *próspero*; y estaba en la casa de su amo el egipcio.

Ahora bien, no pierda de vista este importante detalle. El Señor estaba con él. Si el Señor está con usted, usted está automáticamente en una posición de favor. Puede que José no estuviera donde quería estar en el sentido natural; sin embargo, porque Dios estaba con él, estaba en un lugar bendecido.

La llave para el siguiente nivel es *este* nivel. Sea exitoso donde está.

Me encanta el hecho de que la Biblia dice que era un hombre próspero. Estaba atravesando circunstancias que estaban muy lejos de ser óptimas pero, a pesar de ello, era exitoso. Tenga en cuenta que lo habían vendido y que era un esclavo. Todo en su vida hacía pensar en limitaciones. No era libre para hacer lo que quería, para ir y venir cuando le placiera y ni siquiera para vivir la verdadera vida que había deseado. Pero en la casa de las limitaciones era exitoso.

Exitoso significa que José alcanzó su meta y cumplió su propósito. Incluso en el lugar difícil, debido a que el Señor estaba con él, cumplió su propósito. Nunca lo olvide; si Dios está con usted y usted se encuentra en un lugar difícil, siempre hay un propósito en ello. No se desespere en el lugar difícil; no desista, no se rinda ni tire la toalla. Por el contrario, haga lo que hizo José en el lugar difícil, ¡encuentre su propósito! Dios no permitirá que usted esté en el lugar difícil sin un propósito.

Sea exitoso donde está

Algo muy importante que debe comprender es que tiene que esforzarse para triunfar donde está si desea llegar en algún momento a donde se dirige. Incluso si no está donde quiere estar, concéntrese en tener éxito donde está. El éxito en un lugar a menudo abre la puerta de la oportunidad para avanzar hacia el lugar siguiente.

La llave para el siguiente nivel es *este* nivel. Sea exitoso donde está.

José era exitoso donde estaba. Nunca perdió de vista la realidad aleccionadora de esta verdad: necesitaba a Dios. Entendía que sin el Señor no tenía la más mínima posibilidad de tener éxito y ni siquiera de sobrevivir a ese asunto.

Lo mismo sucede actualmente. Puede que piense que sus sueños dependen del lugar donde está. Pero se engaña. Los sueños de Dios no se manifiestan de acuerdo a la *ubicación* sino de acuerdo a la *habitación*. Cuando el Señor está con usted, el favor también lo está y cuando el favor está con usted, el éxito no está muy lejos. No hay forma de exagerar su necesidad de Dios.

Es imposible experimentar el favor de Dios sin la presencia

de Dios. La presencia de Dios liberó el favor y la bendición sobre José e incluso Potifar reconoció que había algo de especial en José. La Biblia relata esta increíble historia en Génesis 39:3-6.

> Y vio su amo que Jehová estaba con él, y que todo lo que él hacía, Jehová lo hacía prosperar en su mano. Así halló José gracia en sus ojos, y le servía; y él le hizo mayordomo de su casa y entregó en su poder todo lo que tenía. Y aconteció que desde cuando le dio el encargo de su casa y de todo lo que tenía, Jehová bendijo la casa del egipcio a causa de José, y la bendición de Jehová estaba sobre todo lo que tenía, así en casa como en el campo. Y dejó todo lo que tenía en mano de José, y con él no se preocupaba de cosa alguna sino del pan que comía.

Analicemos ahora algunas verdades poderosas con respecto al favor que aparecen en estos versículos.

1. El verdadero favor no se puede esconder.

El versículo 3 dice: "Y vio su amo que Jehová estaba con él, y que todo lo que él hacía, Jehová lo hacía prosperar en su mano". Cuando el favor del Señor está con usted, no se puede esconder ni negar.

Toda la historia de nuestro ministerio ha sido una historia del favor de Dios. Nuestra historia comenzó hace más de veinticinco años en una iglesia que no tenía suficiente de nada. Estaba en una zona difícil del pueblo y era relativamente desconocida. Pero incluso en los días de escasez recibimos la bendición del favor de Dios. Desde una iglesia pequeña lanzamos un ministerio que llegó a todos los Estados Unidos y a todo el mundo.

Hace aproximadamente dieciséis años que somos pastores en Ormond Beach, Florida. Comenzamos en un gimnasio destruido, con goteras e infestado de moho. Luego de muchas renovaciones y otros dos templos todavía estamos caminando en el favor del Señor. Nuestra última expansión fue un proyecto masivo que costó más de veinticinco millones de dólares. Esto sucedió en el momento económico más terrible desde la Gran Depresión.

> **Los sueños de Dios no se manifiestan de acuerdo a la *ubicación* sino de acuerdo a la *habitación*.**

Al mes de haber comenzado a hacer las bases de nuestro nuevo edificio, la economía colapsó. Vimos familias en nuestra iglesia que hasta ese momento habían sido extremadamente bendecidas y prósperas perder todo casi de la noche a la mañana. Las ofrendas definitivamente disminuyeron. Fuimos de un lugar a otro en busca de préstamos hasta que prácticamente nos quedamos sin opciones. Ministros y amigos de todos los Estados Unidos me llamaban y me aconsejaban que desistiera del empeño. Pero el hecho era que yo sentía que no era un hombre quien me había dicho que construyera aquel edificio, de modo que ningún hombre podía decirme que me detuviera, así que continuamos avanzando por fe.

Dios proveyó de manera sobrenatural en aquella temporada dos regalos que sumaban aproximadamente nueve millones de dólares. Cuando necesitamos recursos y no teníamos nadie a quien pedírselos, ¡Dios proveyó! ¡Favor! ¿Puede imaginarse, en una época cuando las construcciones comerciales se habían detenido en el estado de la Florida, que se llevara a cabo en la Interestatal 95 un proyecto de veinticinco millones de dólares? Este asombroso templo comenzó a construirse en la peor economía que se pueda imaginar. Se estaba edificando gracias al *favor* del Señor.

Personas de todas partes pasaban por nuestra iglesia y se quedaban atónitos al ver esa clase de expansión teniendo lugar en aquella terrible economía. Pero el favor de Dios estaba en ese ministerio y el verdadero favor no se puede esconder.

Esto es muy importante en lo que se refiere a su sueño. Tiene que creer que Dios proveerá la clase de favor que hará que su sueño salga de las sombras. El favor de Dios era obvio en la vida de José, incluso para un adorador de ídolos como Potifar. ¡Y por fe declare que ocurrirá lo mismo con usted! ¡El favor de Dios sobre su vida será tan evidente que su sueño no podrá permanecer escondido! Incluso aquellos que están en oscuridad verán y sabrán que usted camina en el favor inexplicable de Dios.

2. El favor de Dios implicará servidumbre.

> Así halló José gracia en sus ojos, y le servía; y él
> le hizo mayordomo de su casa y entregó en su
> poder todo lo que tenía.
>
> —GÉNESIS 39:4

Ahora bien, es aquí cuando las cosas se ponen intensas. Casi siempre pensamos que el favor se trata de obtener lo que queremos. Pero hay mucho más que eso con respecto al favor de Dios. Usted es bendecido cuando el favor de Dios reposa sobre su vida y eso es innegable. Pero quiero que lea la siguiente declaración con atención, porque esto es importante: El favor de Dios no viene para producir lo que usted quiere sino para producir lo que *Él* quiere.

El favor del Señor siempre tiene un propósito divino. Impulsó a José hacia una gran posición y esa posición era la de sirviente. Cuando busca el favor solo para sí mismo, usted se vuelve trivial, superficial y egocéntrico. El favor de Dios se manifiesta con la oportunidad de servir. Y el verdadero favor debe manifestar una disposición de convertirse en una bendición para otros.

El favor de Dios no viene para producir lo que usted quiere sino para producir lo que *Él* quiere.

Temo por muchos cristianos en el reino de Dios en la actualidad. Ahora está de moda y se ha vuelto popular reclamar el favor y las bendiciones del Señor y pensar que Dios no espera nada de nuestra parte. Muchos reclaman bendiciones sin dar, victoria sin orar, presencia sin alabanza, acceso sin intimidad, cielo sin santidad y favor sin fidelidad.

Acoto algo muy brevemente, no estoy diciendo que la gracia de Dios no sea suficiente para salvarnos. No nos comportamos de cierta forma para *obtener* la salvación; nos comportamos de cierta forma porque *somos* salvos. Cuando Jesús transforma nuestras vidas mediante la salvación, transforma nuestro carácter y nuestras acciones.

Y esto también se cumple cuando se trata del favor de Dios. El favor de Dios debe tener un efecto en la persona. Ciertamente lo tuvo en José. En la misma oración donde se declara que halló favor, la Biblia dice que servía. La palabra *servía* aquí en Génesis 39 se traduce de la palabra hebrea *sharát*. Significa "ministrar a".

El favor del Señor se revela grandemente a través del ministerio. José servía y ministraba a Potifar. Esto me resulta asombroso, porque José ministraba a un hombre que era totalmente indigno de él. Este hombre ciertamente no merecía el ministerio de José pero, a pesar de eso, él lo servía.

En algún momento de su vida, cuando usted camina en el favor de Dios, tendrá la oportunidad de servir a otros que aparentemente no son dignos de ello. Pero esto es lo que debe entender: el favor que usted está disfrutando también es inmerecido. El favor es algo a lo que uno no tiene derecho y el favor no se gana.

Piense en esto. Si usted está en una situación en la que necesita ayuda y alguien puede proporcionársela, se la pide diciendo: "¿Puede hacerme un favor?". Mediante esa declaración está admitiendo que esa persona no está obligada, ni usted puede forzarla a que haga algo por usted. Es un favor, algo que usted no merece. Lo mismo sucede con el Señor: si usted mereciera el favor, ¡entonces no sería favor!

Es de esa misma manera cómo sirve a las personas que son indignas de su ministerio, al darse cuenta de que cada gota de favor que se derrama sobre su vida es inmerecida. Cuando lo hace así, se torna más fácil servir a los que no lo merecen.

El favor de Dios despertó al servidor en José y esto fue algo que marcó toda su vida. Sirvió a Potifar, al guardián de la prisión, a los prisioneros, a Faraón y, finalmente, a su propia familia. José pasó todo el trayecto hacia el cumplimiento de su sueño sirviendo.

El favor de Dios y el logro de su sueño requerirán que el servidor dentro de usted se despierte. Tiene que estar dispuesto a ministrar en su vida a los indignos (aquellos que no lo merecen) para que su sueño se manifieste.

3. ¡Las personas hallarán el favor al encontrarlo a usted!

> Y aconteció que desde cuando le dio el encargo
> de su casa y de todo lo que tenía, Jehová bendijo

> la casa del egipcio a causa de José, y la bendición
> de Jehová estaba sobre todo lo que tenía, así en
> casa como en el campo.
>
> —GÉNESIS 39:5

El Señor bendijo la casa de los egipcios por amor a José. ¡La propia presencia de José trajo favor a Potifar en toda su indignidad! Ese es el poder del favor de Dios; aquellos que lo rodean y que están conectados con usted serán benditos debido al favor de Dios sobre usted. Hay personas en su vida que se elevarán porque se relacionan con usted. ¡Usted lleva el favor de Dios a dondequiera que va! Su casa, su trabajo, su aula, incluso su auto, dondequiera que está, el favor de Dios permanece con usted.

Uno de los ejemplos más grandes de favor se revela a través de la historia de María, la madre de Jesús.

> Y entrando el ángel en donde ella estaba, dijo:
> ¡Salve, muy favorecida! El Señor es contigo; bendita tú entre las mujeres. Mas ella, cuando le vio,
> se turbó por sus palabras, y pensaba qué salutación sería esta. Entonces el ángel le dijo: María,
> no temas, porque has hallado gracia delante de
> Dios.
>
> —LUCAS 1:28–30

El ángel se le apareció a María y la llamó "muy favorecida". Continúa llamándola bendita. Ahora bien, lo que resulta asombroso es la respuesta de ella. Estaba turbada y con miedo. ¿Acaso no es sorprendente? Dios no la está juzgando; la está favoreciendo. Y ella responde con temor. ¡Nunca tema el favor de Dios!

La verdadera clave del favor de Dios sobre María es esta: ¡lo que estaba sucediendo dentro de ella bendeciría al mundo entero! Nunca olvide esto: ¡el favor entra *en* usted antes de manifestarse *sobre* usted! ¡Hoy el favor de Dios está en usted! El favor de Dios en María fue tan grande que bendijo a innumerables multitudes, ¡incluyéndolo a usted y a mí! ¡Esa es la clase de favor que es poderoso!

¡José tuvo tal favor sobre él que bendijo al mundo entero! Puede que se esté preguntando cómo. Bueno, piense en esto. En una época de gran hambre Dios preparó de manera sobrenatural el ascenso de José hasta llegar a ser el segundo al mando en todo Egipto. Dios lo usó para interpretar el sueño del faraón y para entender que una hambruna terrible se aproximaba. Debido al favor sobre José, Egipto se preparó.

Cuando la propia familia de José comenzó a atravesar aquella gran hambruna, ¡no era otro que José el que estaba a cargo de distribuir la comida! ¡José pudo preservar la raza judía, de donde nació el Salvador del mundo, Jesucristo! ¡Eso es favor! No tema el favor, ¡porque su favor va a bendecir a muchos otros!

Estas son cinco afirmaciones de fe que liberarán el favor sobre su vida y que quiero que declare.

1. Lo que sea que necesite para cumplir el sueño que Dios me ha dado y mi destino, el favor de Dios lo trae a mí en el nombre de Jesús.

2. Hallaré favor ante aquellos con quienes debo tenerlo y que pueden ayudarme a cumplir mi sueño en el nombre de Jesús.

3. No temeré al favor de Dios en mi vida. ¡No solo lo acepto, sino que también lo espero!

4. El favor de Dios en mi vida me ayudará a cumplir mi sueño y bendecirá a aquellos que se relacionan conmigo.

5. No trataré de ganar el favor de Dios; lo recibiré por fe. Sé que si lo tengo que ganar o me lo merezco, ¡entonces no es favor!

Está a punto de aprender acerca de las épocas de prueba en su vida. ¡Ahora avance en el favor y comience *siendo exitoso donde se encuentra!*

Capítulo 12

"Esto es una prueba.
Es solo una prueba".

Hasta la hora que se cumplió su palabra,
El dicho de Jehová le probó.
• *Salmo 105:19* •

¿ES USTED LO SUFICIENTEMENTE MAYOR COMO PARA poder recordar este mensaje de emergencia? "Esto es una prueba. Durante los siguientes sesenta segundos esta estación llevará a cabo una prueba del Sistema de Alerta de Emergencias. Esto es solo una prueba. Los medios de difusión de su zona, en cooperación voluntaria con la Comisión Federal de Comunicaciones y otras autoridades, han desarrollado este sistema para mantenerlo informado en caso de una emergencia".

Recuerdo, especialmente cuando era niño, cuando veía la televisión y escuchaba este anuncio. De hecho, este Sistema de Alerta de Emergencias se estableció para que el presidente de los Estados Unidos pudiera comunicarse con los ciudadanos estadounidenses en caso de una emergencia. Así que desde

1963 hasta 1996 toda la programación televisiva tenía interrupciones periódicas para llevar a cabo esta prueba especial.

El locutor siempre decía: "Esto es solo una prueba". ¿Y sabe qué? La vida está llena de épocas de pruebas. Todos nosotros las tenemos. Algunas pruebas son fáciles y otras son difíciles. Algunas nos vencen, otras las vencemos y muchas las enfrentamos una y otra vez. En realidad a nadie le gustan las pruebas pero el hecho es que nadie se escapa de ellas en esta vida.

Es importante entender, sin embargo, que cada prueba que pasa no es necesariamente una crisis monumental. Es simplemente una prueba. ¡El profesor nunca tiene miedo durante una prueba, porque el profesor conoce las respuestas! Y cuando usted pasa tiempos de pruebas, Dios no tiene miedo. Él tiene todas las respuestas para sacarlo de la prueba y, con el tiempo, ¡usted vencerá!

José, en particular, era un hombre familiarizado con el tiempo de prueba. Atravesó pruebas intensas y no solo las venció, sino que las venció ampliamente. Uno de los pasajes más increíbles que alguna vez he leído en las Escrituras en lo referente a las pruebas se encuentra en el Salmo 105. Abrí el capítulo con este pasaje pero se lo repetiré otra vez aquí:

> Hasta la hora que se cumplió su palabra, el dicho de Jehová le probó.
>
> —SALMO 105:19

Esta es una de las cosas más profundas que alguna vez he leído en la Biblia. Preste mucha atención a lo que declara este versículo. La Biblia dice que *el dicho de Jehová le probó*. ¡Ay! No lo probaron sus hermanos. Ni la cisterna. Ni Potifar o su esposa. ¡Ni siquiera fue la prisión! Lo que probó a José fue el dicho de Jehová.

José fue probado por su sueño.

"Esto es una prueba. Es solo una prueba".

Su sueño provenía de Dios, de modo que el sueño de José era en realidad la palabra de Dios sobre su vida. Debe darse cuenta de este hecho: su sueño lo probará. Cuando usted recibe una palabra del cielo, por esa palabra vendrán pruebas. Si no vienen pruebas, hay grandes probabilidades de que no venga de Dios.

La palabra *prueba* es una palabra increíble y asombrosa. Una definición más simple y práctica de la palabra *prueba* es "probar con un examen". La palabra *prueba* de hecho se origina del vocablo latino *testa*. Una testa era una vasija o una olla de arcilla hecha de polvo de ladrillos o cenizas de madera. Se usaba para derretir, probar y refinar los metales preciosos, en especial el oro. Este metal precioso se colocaba en la testa y la testa probaba su pureza. La testa también probaba que estaba listo para usarse.

Todos nosotros pasaremos tiempo en la testa. Cuando usted recibe una palabra legítima del Señor, no se sorprenda o reaccione exageradamente cuando vengan las pruebas. Ya sea una palabra relacionada con su sanidad, destino, familia, ministerio, logros financieros o cualquier otra cosa, la prueba casi siempre vendrá.

No tema si sufre pruebas por el sueño que Dios le ha dado.

Las luchas más grandes de José tienen que ver con el tiempo de prueba. Fue probado en la cisterna y luego en la esclavitud. Fue probado en la prisión y cuando se sintió olvidado. Pero, no obstante, de alguna manera a través de la prueba su sueño permaneció intacto.

Estoy seguro de que en muchas ocasiones tuvo deseos de rendirse. En la sequedad de la traición de la cisterna y en la servidumbre en la casa de Potifar, la desesperanza asaltó su mente en la hiriente y detestable atmósfera de la falsa acusación. La desesperación y la soledad batallaron contra él detrás de los solitarios barrotes de la prisión, donde pasó años sintiéndose olvidado por los mismos a los que había ayudado.

El sueño probó a José. Puede que José se haya sentido olvidado, pero el Señor nunca olvidó a José. Y le tengo muy buenas noticias: ¡Tampoco lo ha olvidado a usted!

Cada momento difícil que pasó José era una prueba; solo era una prueba. Aquellas épocas de prueba no fueron diseñados para devastar a José sino para elevarlo.

Hay un propósito detrás de cada prueba

Siempre que Dios permite la prueba, esta tiene un propósito. Y eso es algo que usted debe entender en su propia situación: cada prueba que atraviesa tiene un propósito. Permítame darle algunas razones de la prueba.

1. Una prueba demuestra que usted ha aprendido algo.

Siempre que tenía que pasar una prueba en la escuela, uno de los propósitos de esta era demostrar lo que sabía. ¡Nada dice tanto de usted como una prueba!

Una prueba revela si usted en realidad sabe o no lo que dice que sabe. Si aprendió el material, aprobará; si no lo aprendió, reprobará. Observe el proceso de José, porque el proceso que Dios permitió que José atravesara incluía sus pruebas.

Si la senda de José hacia el palacio hubiera sido una sin restricciones, sin obstáculos y sin pruebas, no habría sido algo bueno. ¡Probablemente habría matado a sus hermanos la primera vez que los vio! Pero el tiempo y las pruebas habían cambiado a José hasta convertirlo en un hombre con perspectiva y amabilidad. Perdonó a su familia y los bendijo. Este hecho demostró que había aprendido algunas cosas durante sus pruebas.

He estado en el ministerio durante más de veinticinco años.

Honestamente puedo afirmar que las épocas de prueba que he pasado me han enseñado mucho. Ahora sé cosas que antes no sabía. He aprendido a no ser tan duro con las personas y a celebrar con aquellos que están relacionados con el ministerio. Me gustaría pensar que los años me han vuelto más amable y un poco menos dogmático acerca de las cosas insignificantes. He aprendido que todos nosotros, y quiero decir todos nosotros, necesitamos mucho más que una sola oportunidad.

Pero el tiempo y las pruebas han sido el precio exacto para obtener esa clase de conocimiento. Mis épocas de prueba ciertamente me han enseñado valiosas y profundas lecciones de vida. En mis épocas más duras he descubierto lo que sabía, pero también me he dado cuenta de las cosas que no sabía.

El Señor permitirá que usted atraviese pruebas para mostrarle lo que sabe y para mostrarle también lo que no sabe. He aprendido mucho con el transcurso de los años. Sin embargo, ¡una de las cosas principales que he aprendido es que todavía tengo mucho que aprender!

¿Y usted? ¿Ha aprendido algunas lecciones valiosas en los tiempos difíciles que ha enfrentado? ¡Si es así, entonces lo felicito! Si no es así, ¡prepárese para tomar la prueba otra vez!

2. Los tiempos de pruebas revelan cuán comprometido está con el ministerio.

Ya he dejado claro mediante las Escrituras que los dichos de Jehová probaron a José. La prueba demostró cuán ansioso estaba porque su sueño se hiciera realidad. A pesar de todas las pruebas que atravesó, de alguna manera, ¡nunca se rindió! El intenso viaje en que estaba José puede describirse como cualquier cosa menos fácil. El salmista hace un trabajo asombroso a la hora de describir aquello que estaba atravesando José. Fíjese en estas palabras:

Afligieron sus pies con grillos; en cárcel fue
puesta su persona.

—SALMO 105:18

Esto es muy severo y extremo. Cuando apresaron a José,
ataron algo más que sus manos y pies; ataron su persona, es
decir, su alma. Tener el alma atada es algo terrible.

Quiero que entienda las implicaciones de tener el alma
atada. El ser humano está compuesto por tres partes: cuerpo,
alma y espíritu. El cuerpo es la conciencia de la carne. Representa los deseos carnales.

Su cuerpo lo arrastra hacia la gratificación de sí mismo, sin
importar cuán degradante e inmoral sea. Las consecuencias
son irrelevantes para él; todo lo que le importa es la satisfacción de sí mismo.

Su espíritu es la conciencia de Dios. Su espíritu lo inclina
hacia las cosas de Dios. Es la parte de usted que lo inclina
hacia la justicia y la bondad.

Su alma es su mente, su voluntad y sus emociones. Es su
destino eterno y viviente. Su alma es la parte suya que nunca
dejará de existir.

Cuando uno habla de salvación, la parte que se salva es el
alma. Es su parte eterna. Su cuerpo y su espíritu batallan por
su alma eterna. De modo que cuando afligieron con grilletes
el alma de José, eso representaba su destino eterno y viviente.

Es muy importante recordar que un verdadero asesino de
sueños no solo quiere atarlo físicamente; un verdadero asesino
de sueños quiere atar su alma. Los asesinos de sueños hacen
esto porque odian y desprecian su destino eterno.

Cuando José fue apresado, los asesinos de sueños vieron
esto como el final de sus sueños. ¡Pero Dios tiene una forma de
solucionar los problemas! El enemigo quería usar los tiempos
difíciles para destruir a José, pero Dios usó esos tiempos

difíciles para probarlo. Puede que ahora mismo mientras está leyendo este libro, esté enfrentando cosas que nunca soñó ni se imaginó que enfrentaría. Independientemente de cuál sea el asunto, cobre ánimo. Ya sea que esté enfrentando problemas de salud, desafíos financieros, problemas en su carrera profesional, o cualquier otra cosa, no se desaliente. ¡Cobre ánimo! Esto es una prueba. Es solo una prueba.

No importa lo que esté atravesando en este momento, decida en su corazón que nunca perderá su alma en ello. En estos momentos intensos permanezca comprometido con su sueño. Si Dios le ha dado este sueño, se hará realidad. No se *rinda; ¡mire hacia arriba!*

3. Una prueba demuestra que usted está listo para el siguiente nivel.

Ese es uno de los propósitos principales de una prueba, ¿no es así? Demuestra que está listo para el siguiente nivel. En ocasiones durante las épocas de prueba erróneamente asume que está perdiendo terreno o, cuando menos, influencia. Pero los hechos contradicen totalmente esa suposición. ¡Durante las épocas de prueba en realidad se está preparando para el siguiente nivel!

En cada prueba que José soportó, el Señor en realidad lo estaba preparando para una promoción. Muchas personas quieren graduarse prematuramente y llegar demasiado rápido al siguiente nivel. Sin embargo, ¡es muy importante que usted se dé cuenta de que no se puede graduar hasta que no apruebe la prueba! ¡Eso demuestra que está listo para el siguiente nivel!

En la historia de José las cosas estaban yendo bastante bien. Lo habían vendido como esclavo y había hallado favor y propósito en la casa de Potifar. Pero recuerde, el sueño y el destino de José eran mucho más grandes que estar a cargo de la casa de Potifar. José no podía establecerse en la casa de Potifar, porque ese no era el sueño. ¡Aguarde hasta ver la plenitud de su sueño! No permita que la satisfacción del éxito en donde está le impida avanzar hacia aquello que sabe que el Señor ha prometido.

Hubo muchos momentos en los que José pudo haber estropeado su sueño. Una de las mayores tentaciones y oportunidades se presentó en la forma de la esposa de Potifar. Esa tentación era una oportunidad de que José satisficiera y gratificara su propia lujuria y deseo. Pero la Biblia dice que él rehusó. La palabra *rehusó* en Génesis 39:8 (LBA) se traduce del vocablo hebreo *piel*. Significa rechazar algo total y absolutamente.

José no le respondió con un no suave y agradable que implicaba que tal vez escondía un quizás. Por el contrario, fue un enfático y rotundo no. Su sueño era demasiado valioso e importante como para renunciar a él por el asesino de sueños de la autocomplacencia.

José no coqueteó con ella, no le siguió el juego ni le dio la más mínima señal de que en algún momento estaría interesado en responder a su propuesta. ¡Simplemente dijo NO! Uno de los componentes esenciales para ver su sueño convertido en realidad es aprender cuándo decir que no. ¡Decir que sí a las cosas equivocadas puede destruir su sueño!

Creo que había unas cuantas razones por las que José pudo permanecer firme y tomar las decisiones correctas cuando se enfrentó con el mal.

En primer lugar, José evaluó su situación. Consideró la confianza que Potifar le tenía. Evalúe su situación honestamente cuando se le presenten oportunidades que se opongan a su propósito y potencialmente puedan destruir su sueño.

En segundo lugar, José consideró las consecuencias. Esto es muy importante: antes de hacer algo insensato, considere las consecuencias. José consideró las consecuencias. El comportamiento, bueno o malo, tiene consecuencias. Tuvo que preguntarse a sí mismo: "¿Qué pasará si yo hago esto?".

Cuando usted aprende a considerar las consecuencias, estará casi siempre en camino de hacer lo correcto. Cuando se le presenten oportunidades y ocasiones de hacer cosas que son peligrosas para su sueño, pregúntese a sí mismo: "¿Cuáles son las consecuencias?". Hay personas que han tomado decisiones en su vida que han destruido sus sueños porque no pudieron considerar adecuadamente las consecuencias.

En tercer lugar, José valoró el costo. Esta pudo haber sido una tentación grande y verdadera para José, pero al final valoró el costo. Piense en lo que pudo haberle costado a José haber hecho este compromiso. Habría perdido el respeto de su amo que había confiado en él. Habría perdido el respeto de sí mismo por dormir con la esposa de otro hombre pero, lo más importante, habría pecado contra el Dios a quien amaba y servía y potencialmente habría arrasado con su sueño.

Es muy importante para aquellos que tienen grandes sueños y asombrosos destinos que aprendan a valorar el costo cuando estén pensando en hacer compromisos. ¿Vale la pena? ¿Vale la pena transgredir o buscar atajos en la vida? ¿Vale la pena permitir que el pecado lo controle? ¿Vale la pena ser deshonesto con sus finanzas? ¿Vale la pena tener una relación sexual pecaminosa? ¿Vale la pena perder su integridad, propósito y potencial? Sea honesto y valore el costo.

¿Vale la pena si le cuesta su sueño? Recuerde, gran soñador, esto es una prueba; esto es solo una prueba. Apruébela y avance hacia el siguiente nivel. Repruébela y tómela otra vez, o pierda su sueño por completo. Es necesario valorar el costo.

Recuerde, la palabra *prueba* viene del latín *testa*. Y la palabra *testa* en italiano significa "cabeza". Sin lugar a dudas y con toda certeza, tiene que usar la cabeza si desea pasar las grandes pruebas de la vida. José tuvo éxito porque en la prueba usó la *testa*. José usó la cabeza.

Es imposible enfatizar demasiado cuán importante es para los soñadores que usen la cabeza. En épocas de grandes pruebas, reprobará si no usa la cabeza.

Está más cerca que antes

Puede que José no lo supiera, pero se estaba preparando para el siguiente nivel y, en épocas de grandes pruebas, ¡lo mismo sucede con usted! Cobre ánimo; Dios está de su lado y está trabajando en esta prueba o en cualquier otra que tenga que soportar. Es importante comprender esta realidad: en épocas de prueba, Dios es un Dios que llega en el momento correcto.

José fue probado hasta el momento correcto. Su temporada de prueba se acabará en el tiempo correcto. La palabra *tiempo* aquí es una palabra increíble. Significa el tiempo señalado, el tiempo establecido o la temporada adecuada. Dios había establecido un tiempo para que José terminara su prueba y alcanzara la promesa. Tenía una cita con el cumplimiento de su sueño. Como soñador y poseedor de un increíble destino y propósito de parte de Dios, usted tiene una cita con su promesa. Tal vez se siente contrariado, frustrado, molesto y decepcionado por la prueba que está soportando. Pero no se rinda.

Dios ha hecho una cita con su decepción. ¡Es solo cuestión de tiempo!

Incluso en épocas de pruebas intensas recuerde algo muy importante: ¡las pruebas que Dios presenta son todas a libro abierto! ¡Coja su libro, la Biblia, y reclame cada promesa de sanidad, provisión, poder y victoria!

"Esto es una prueba. Es solo una prueba".

Lámpara es a mis pies tu palabra, y lumbrera a
mi camino.

—SALMO 119:105

¡Todas las respuestas a todas las preguntas en todas las pruebas se encuentran en la Palabra de Dios!

¡Cobre ánimo en el nombre de Jesús! ¡Tiene que agarrarse de su sueño! Se hará realidad. No desista antes de tiempo ni se detenga en falsas líneas de llegada. Ahora mismo no está leyendo este libro por accidente. ¡Dios le está recordando que es tiempo de que se reconecte con los sueños que le ha dado y continúa avanzando como nunca antes!

No reaccione exageradamente ante los asesinos de sueños. ¡Los asesinos de sueños a menudo son las pruebas de Dios disfrazadas! Dios usa a sus asesinos de sueños no para matarlo sino para probarlo. Piense en algunas de las personas y de las situaciones que lo están enloqueciendo ahora mismo y dígase algo muy importante: "¡Esto es una prueba; esto es solo una prueba!".

En vez de quejarse y desistir, ¡empiece a alabar a Dios! Sus asesinos de sueños lo están preparando para el siguiente nivel. Deje de verlos como sus detractores y véalos como sus indicadores de sueños.

**Su sueño está más próximo a hacerse
realidad que nunca antes.**

El propio hecho de que tenga un sueño requiere que pase por pruebas. El dicho de Jehová puede estar probándolo ahora mismo, pero en realidad hay una razón muy buena. Su sueño está más próximo a hacerse realidad que nunca antes.

Es hora de que aprendamos los secretos de José para evitar

las ataduras de la amargura. Pero recuerde, sin importar cómo luzca su situación actual o cuán intensas puedan parecer sus circunstancias, esto, mi amigo, es una prueba. ¡Es solo una prueba!

Capítulo 13

La atadura de la amargura

Entonces dijo José a sus hermanos: Acercaos ahora a mí. Y
ellos se acercaron. Y él dijo: Yo soy José vuestro hermano, el
que vendisteis para Egipto. Ahora, pues, no os entristezcáis,
ni os pese de haberme vendido acá; porque para
preservación de vida me envió Dios delante de vosotros.
• *Génesis 45:4–5* •

UNA DE LAS TÁCTICAS MÁS GRANDES QUE USA EL
infierno contra las personas con gran potencial y
grandes promesas es encerrarlos en el calabozo de la amargura
y la falta de perdón. Aquellas personas a las que la amargura
las domina y las controla nunca alcanzan verdaderamente sus
sueños porque están presas en una pesadilla del pasado. Pasan
la vida atrapados en algún acontecimiento del tiempo pasado
en vez de cerrar los casos contra aquellos que los dañaron y
luego seguir avanzando.

Cuando usted se agarra de la amargura, es algo muy cos-
toso. La amargura es un capataz brutal. Exige que usted de-
dique su tiempo, energía y capacidad mental a alimentar

resentimientos y heridas del pasado en vez de continuar avanzando hacia su futuro. La amargura es el asesino de sueños por excelencia.

Cuando a usted lo domina y lo controla la amargura, culpará a otros por el lugar donde está en su falta de productividad y frustración de su sueño. Las personas que bregan en la falta de perdón a menudo están tan atrapadas en sus "entonces" que se están perdiendo sus "ahora".

La triste verdad es que todo el potencial para el pasado se ha ido y su mayor potencial está en su ahora. La falta de perdón y la amargura le roban su ahora.

Cuando usted guarda resentimientos, camina en la falta de perdón y se agarra firmemente de la amargura, está agarrándose del dolor. Su hoy duele por lo que pasó en su ayer. Su hoy podría ser vibrante y saludable, pero en cambio está lleno de heridas y dolor. Usted es el dolor viviente. Todo esto lo provoca la amargura y falta de perdón. Es por eso que debe aprender a perdonar.

> **Todo el potencial para el pasado se ha ido y su mayor potencial está en su ahora. La falta de perdón y la amargura le roban su ahora.**

Agarrarse del dolor, de la amargura y de la falta de perdón del ayer es sabotear su hoy. Agarrarse de una ofensa sofoca sus sueños. No puede producir porque en la amargura hay gran esterilidad. Cuando no perdona a las personas que le han hecho daño, de hecho les está dando la oportunidad de que lo hieran otra vez. El alivio más grande se encuentra en el perdón.

Es por eso que, para ver la totalidad de su sueño hacerse

realidad, es de suma importancia que aprenda a perdonar. Mientras está leyendo este libro, puede que se esté diciendo a sí mismo: "La persona que me hizo daño no merece que lo perdone". Puede que eso sea cierto, pero solo recuerde, aquellos que menos merecen el perdón son los que más lo necesitan.

En realidad no será verdaderamente capaz de perdonar a menos que reconozca la amargura como una atadura. Hasta que vea la falta de perdón como una prisión, está destinado a continuar pasando tiempo en ella.

Cuando le otorga el perdón a alguien, puede que a esta persona ni siquiera le importe. Honestamente, puede que su perdón no desencadene a esa persona; puede que no la libere ni transforme su vida. Dicho claramente, puede que no lo quieran ni lo deseen.

Puede que su perdón no haga libre a *esa persona*, ¡pero su perdón lo liberará a *usted*! El perdón abrirá un mundo completamente nuevo delante de usted. Cuando usted perdona y avanza…¡*gana la pelea!* Niéguese a perdonar si quiere permanecer miserable y atado. ¡Si verdaderamente quiere ser libre, perdone y viva!

El perdón hizo realidad los sueños de José

El perdón fue un rasgo esencial del carácter de José que llevó a que sus sueños se hicieran realidad. Fue un hombre que supo cómo perdonar. Se negó a permitir que el dolor del ayer le robara la promesa y el potencial del hoy. Comprendió y sacó el mayor provecho de cada momento que vivió. En cada etapa de su viaje encontró la forma de elevarse por encima de la amargura y la falta de perdón y caminar en todo el potencial de cada etapa de su vida. Como ya he mencionado algunas veces en este libro, si alguien tenía derecho a alimentar la amargura y la falta de perdón, ese era José. ¡Él habría sido un *gran* invitado en el programa del Dr. Phil!

De alguna manera, en medio de todo, José nunca se amargó. Lo que es más, en vez de amargarse, en cada experiencia se hacía mejor. La amargura le robará todo su potencial para mejorar y hacerse mejor; las personas que están amargadas y albergan falta de perdón están estancadas. Asombrosamente, a pesar de todo lo que enfrentó, José nunca se estancó en la amargura.

Para cuando José se presentó delante del faraón, había pasado treinta años de infierno. Era un adolescente cuando sus hermanos lo vendieron como esclavo; ahora es un hombre de treinta años. Sin embargo, no es un hombre de treinta años *amargado*; es un hombre de treinta años *mejor*.

Decidió olvidar todas sus heridas y dolores del pasado. ¡Oh! En vez de albergarlos en su corazón y arruinar la temporada en la que estaba, este soñador decidió olvidar todo el daño que le habían hecho.

Sé que tal vez usted está pensando: "¿Cómo rayos puede uno hacer eso? Nunca podría olvidar lo que me hicieron". La mejor forma de explicar lo que hizo José es leyendo lo que escribió Pablo en el Nuevo Testamento. Pablo dice en Filipenses 3:13: "una cosa hago: *olvidando ciertamente lo que queda atrás*" (cursivas del autor). La palabra que se usa para "olvidando" en el texto del griego original es una palabra muy intensa. Significa perder la mente, pero una comprensión más profunda puede ser: significa abandonar.[1]

Pablo dice que abandonemos lo que queda atrás, especialmente el daño que le han hecho. ¡Abandonar significa ignorar hasta que el poder para dañarlo o retenerlo se rompa! Cuando hace esto, está camino al siguiente nivel.

Las acciones de José no eran una declaración de que las acciones de aquellos que lo dañaron no lo habían herido.

Sus acciones declaraban: "Voy a olvidar eso, a ignorarlo y a abandonarlo. ¡Me voy a enfocar y voy a cumplir mis sueños!".

Escuché una historia una vez acerca de una anciana santa de Dios a la que algunas damas más jóvenes de la iglesia le habían hablado muy duramente. Durante el siguiente servicio ella se comportó muy amable y gentil con esas mismas damas. Alguien se acercó a esta querida mujer y le dijo: "¿No se acuerda cuán duramente le hablaron y cuánto la maltrataron?".

Esta preciosa anciana miró a la persona y respondió: "No solo no me acuerdo, sino que me acuerdo exactamente de que lo olvidé". Ella comprendía el poder de abandonar las heridas y los daños del pasado.

La amargura se alimenta del dolor y la amargura tiene un apetito insaciable. Cumplir sus sueños requerirá que usted ponga la amargura y la falta de perdón en una huelga de hambre. Deje morir de hambre su dolor. Abandónelo hasta que ya no tenga poder sobre su vida.

Puede que sea difícil entender cómo José fue capaz de hacer esto porque lo traicionaron y lo dañaron a niveles increíbles. Uno puede entender cómo lo logró cuando define el significado de los nombres de sus hijos. Como mencioné antes, nombró a su hijo menor Manasés: "El que hace olvidar". Ahora observemos el nombre de su segundo hijo, Efraín, que significa "fructífero".

> Cumplir sus sueños requerirá que usted ponga la amargura y la falta de perdón en una huelga de hambre.

El nombre del primer hijo de José significa "olvídalo" y luego llama a su segundo hijo "fructífero". Explica el nombre declarando que Dios lo hizo fructificar en la tierra de su aflicción (Génesis 41:52).

El agradecimiento es la clave

Una de las claves de la habilidad de José para elevarse por encima de todo el daño que le habían hecho era el agradecimiento. Era como si hubiera empezado a hacer un inventario de su vida y, a medida que lo hacía, llegaba a la conclusión de que, a pesar de todo lo que le habían hecho, ¡de todas formas había sido bendecido!

Piense en esto; se elevó por encima de las adversidades y obtuvo la victoria cuando parecía imposible. Había atravesado muchas épocas difíciles, pero había sido bendecido y "fructífero". ¡Fue como Job; recibió el doble luego de sus pruebas y estaba agradecido! Fue como si estuviera declarando: "Después de todo por lo que he pasado, después de todos los ataques y las aguas agitadas, ¡*Dios me bendijo de todas formas!*". El agradecimiento es una clave increíble para el perdón.

Los soñadores que ven sus sueños hacerse realidad aprenden a ser agradecidos. Cuando José compara lo que había enfrentado con lo que Dios había producido a través de él y con aquel lugar al que lo había llevado, ¡se sintió agradecido! Dios lo había bendecido tanto que agarrarse de la amargura y de la falta de perdón habría sido una gran pérdida de tiempo. José estaba decidido a vivir en el ahora, no en el pasado.

A lo largo de su vida, atravesará temporadas en las que sufrirá dolor, quebranto u traición a manos de los asesinos de sueños. Sin embargo, si es honesto y compara sus luchas con la bondad de Dios, ¡le resultará obvio que Dios lo ha bendecido de todas maneras! A pesar de los ataques, a pesar de los problemas, a pesar de los líos, ¡*Dios lo ha bendecido de alguna manera!*

Los soñadores como José reconocen que, para avanzar hacia la siguiente temporada de la vida, se requiere un corazón agradecido. Dios es capaz de hacerlo "fructífero". ¡En vez de habitar en el pasado, abandónelo, olvídelo y reclame el doble por sus luchas!

José nunca se permitió a sí mismo tener el papel de víctima. Incluso en los lugares difíciles de la vida fue productivo. Me resulta asombroso el hecho de que no leemos que José pasara su tiempo lloriqueando, quejándose y culpando a otros. José fue alguien que aprendió a reemplazar todo eso con el agradecimiento.

Si la amargura es el principal asesino de un sueño, entonces el perdón es el principal rescatador de un sueño. La amargura y la falta de perdón no tienen parte en la vida de un soñador que está destinado a hacer grandes cosas.

En el próximo capítulo aprenderá cómo no echar a perder su dolor. Si ha estado en cautiverio por la falta de perdón, no hay un mejor momento como el de ahora para salir de esa prisión. El autor cristiano, Lewis B. Smedes dijo: "Perdonar es liberar a un prisionero y descubrir que el prisionero eras tú".[2]

Capítulo 14

No desaproveche su dolor

No podía ya José contenerse delante de todos los que
estaban al lado suyo, y clamó: Haced salir de mi presencia
a todos. Y no quedó nadie con él, al darse a conocer
José a sus hermanos. Entonces se dio a llorar a gritos; y
oyeron los egipcios, y oyó también la casa de Faraón.
• *Génesis 45:1–2* •

ESTA HISTORIA ESTÁ LLENA DE LAS EMOCIONES MÁS
profundas que podamos imaginar. Casi puedo escuchar
los gemidos y el llanto de José cuando se presentó delante de
sus hermanos. Después de haberles explicado cómo Dios lo
había favorecido a él y a su proceso, corrió hacia Benjamín y
ambos se abrazaron. La Biblia dice que lloraron el uno sobre
el cuello del otro.

José fue un hombre que no tomó venganza de aquellos que
lo habían ofendido. Estaba feliz de haber encontrado a su familia y de saber que su padre estaba vivo. Estaba encantado
de saber que tenía un hermano pequeño. Cuando reveló quién
era, preparó el ambiente para ello. Mandó a salir a todos los

guardias y a los dignatarios de Egipto para estar solo con su familia. Este era un momento que había esperado. Finalmente había llegado el día de la restauración.

La Biblia dice que José no pudo contenerse. En otras palabras, sus emociones y sentimientos estaban a punto de explotar. El dolor que había sufrido tenía un motivo y ese motivo estaba justo delante de él. En aquel momento se dio cuenta de que su dolor tenía un propósito. Sus lágrimas no eran por el dolor sino por la profunda pasión y compasión de sus hermanos.

Satanás desea que sus temporadas difíciles provoquen tal destrucción y dolor en su vida que, cuando atraviese por ellas, no sea nada más que un inepto y un zombi espiritual hecho pedazos sin habilidad alguna para ayudarse a sí mismo, mucho menos a alguien más.

José no desaprovechó su dolor. Permitió que fuera el catalizador de su alabanza. A pesar de que lo habían herido, no permitió que el proceso de su dolor le hiciera perder su adoración. Pudo ver la mano de Dios en su vida y, finalmente, estaba listo para experimentarla.

Puedo imaginarme pocas cosas más tristes que el dolor desaprovechado. El dolor desaprovechado es cuando usted atraviesa momentos duros en la vida y sale de ellos sin nada que mostrar. ¡Satanás es un adversario, un enredador y un estrangulador! Él desea que sus temporadas difíciles provoquen tal destrucción y dolor en su vida que, cuando atraviese por ellas, no sea nada más que un inepto y un zombi espiritual hecho pedazos sin habilidad alguna para ayudarse a sí mismo, mucho menos a alguien más. Pero Dios no es así. Él lo usa todo, especialmente su dolor. A lo largo de toda la Biblia vemos ejemplo tras ejemplo de dolor que produce progreso en las vidas de los hijos de Dios.

Pablo lo dijo así en 2 Corintios 4:17: "Porque esta leve tribulación momentánea produce en nosotros un cada vez más excelente y eterno peso de gloria". ¡Oh! Lo que sea que enfrente dentro del plan de Dios producirá un excelente y eterno peso de gloria. De modo que el dolor a menudo conlleva a su promoción.

Solo tiene que preguntarle a Job en la Biblia. Atravesó el dolor y al final recibió el doble de todo lo que tenía antes. No desaprovechó su dolor porque fue su dolor el que lo condujo a una conciencia y una comprensión de la gloria de Dios. Su esposa, sin embargo, atravesó el dolor de esa temporada que ambos enfrentaron y se amargó. Desaprovechó su dolor.

El dolor del rechazo

José fue un hombre que lidió con el dolor a diferentes niveles. Tuvo que enfrentar el dolor del rechazo. Piense en esto. Lidió con el dolor de que sus propios hermanos lo rechazaran. Ellos lo odiaban a él y a sus palabras. Lo rechazaban a él y a sus sueños. No querían escuchar nada de lo que tenía que decir. Es increíblemente doloroso estar en un lugar donde no lo escuchen.

Sus hermanos lo despreciaban. No fueron sus enemigos los que lo vendieron; fue su propia familia. Cuán doloroso tiene que haber sido; tenía todos esos hermanos pero fue el objeto de su rechazo. Su viaje de Dotán a Egipto demoró días, si no meses, y estoy seguro que con cada paso sintió el aguijón punzante del rechazo.

El rechazo es muy doloroso, pero he aprendido algunas poderosas lecciones al respecto. A veces hay una dirección en el rechazo. Tan difícil como pueda ser de creer, hay momentos en que usted necesita que lo rechacen. Cuando soporta el rechazo en un lugar, en realidad le está abriendo la puerta hacia otro lugar. Es decir, ¡es necesario que lo rechacen en el lugar equivocado para que lo puedan aceptar en el correcto!

Tener eso presente lo capacitará para abrazar esta verdad liberadora: ¡las personas que lo rechazaron en realidad le hicieron un favor! Puede que José no se haya dado cuenta de eso en aquel momento, pero sus hermanos lo bendijeron cuando lo rechazaron. ¡Muy a menudo *el propósito se descubre a través del rechazo!* Los hermanos de José no tenían manera de saber que, al rechazar a su hermano, ¡en realidad le estaban abriendo la puerta hacia una nueva temporada!

El rechazo crea un sentimiento de que no se es querido, lo que por consiguiente reduce la autoestima. Mientras más íntima sea la relación en la que se experimenta el rechazo, mayor es el daño que se hace y más desafiantes pueden ser los efectos.

No importa quién lo rechace o cuán doloroso pueda ser, su rechazo no significa de ninguna manera que todo se ha terminado. ¡Una gran fuente de ánimo se encuentra en el hecho de que a Dios le encanta usar personas que han sido rechazadas! ¡Y si alguien lo rechaza pero Dios lo acepta, entonces tengo el presentimiento de que todo va a ir bien!

José permitió que Dios trabajara en su corazón, lo que le dio la habilidad de no permitir que lo afectaran los efectos a largo plazo de ser rechazado. Lidiar con el rechazo depende de su habilidad para tratarlo. Muy a menudo su respuesta al rechazo tiene un peso muy importante en su futuro.

Cuando usted sufre el rechazo, la primera tentación es enrollarse en un capullo de ofensa. Pero como soñador no puede darse ese lujo. Tiene que empezar a hacerse las preguntas correctas. Y una de las principales preguntas que tiene que hacerse es: "¿Y ahora qué sigue?".

Para evitar interiorizar su experiencia de rechazo tiene que, de manera proactiva, hacer la elección de apartarse de los recuerdos de su experiencia y, en vez de ello, apegarse a la realidad de su potencial desconocido. Eso fue lo que hizo José. Fíjese, la Biblia nunca lo menciona otra vez, ni él ni Dios.

El dolor de la traición

Sus hermanos traicionaron a José. Lo acusaron falsamente por ser un soñador. La Biblia nos dice que la habilidad de José para soñar provenía de Dios. De modo que, en esencia, sus hermanos despreciaron a Dios, no solo a José.

Jesús les advirtió a aquellos que eran fieles a Él que, si abrazaban su ministerio, podrían encontrarse a sí mismos en la posición de tener que escoger entre su familia y su fe. Cuando la hostilidad de vivir en un mundo caído se vuelca sobre nosotros, la traición estallará muy cerca de los corazones de los creyentes, así como sucedió con el Salvador. No se sorprenda si alguien de su familia lo traiciona; uno de los discípulos que Jesús había escogido le hizo lo mismo a Él.

La respuesta más común ante la traición es el enojo. Nada hiere tanto como que nos mientan. Cuando alguien lo traiciona, lo viola emocionalmente. El síndrome del cuchillo en la espalda ha destruido muchas relaciones. La herida se hace muy profunda y puede hacer que dejemos de confiar.

La traición de miembros de la familia que mienten es una de las cosas más devastadoras que puede suceder en una relación. Mentir es el equivalente de hacer un retiro a una cuenta bancaria emocional. En realidad, una mentira siempre conducirá a otra, creando una red infinita de engaño. Con el tiempo la cuenta bancaria emocional entra en bancarrota, con poca o ninguna oportunidad de que el daño pueda repararse. Para traicionar a José, sus hermanos tuvieron que mentirle a su padre. Tuvieron que mentir acerca de su muerte, de su manto, de su desaparición y de su implicación en el asunto.

No es posible negar que fue grande su engaño, pero nunca lo olvide, el destino de José era mayor que el engaño de ellos.

El dolor de la soledad

José enfrentó el dolor de la soledad cuando estuvo en la cisterna. Estaba oscura y vacía. La soledad es una emoción abrumadora. La experiencia en la cisterna tiene que haber sido atroz. José estaba solo en la cisterna y se sintió despreciado e insignificante.

Me preguntó si José clamó e imploró desde la cisterna a sus hermanos, suplicándoles que lo ayudaran. ¿Alguna vez ha clamado pero sintió que nadie lo escuchaba? En esos momentos, asegúrese de hacer lo que hizo David, e incluso lo que hizo Jesús. David clamó al Señor desde la cueva de Adulam, y Jesús clamó al Padre desde el Getsemaní. Porque incluso cuando todos los demás lo ignoran, Dios lo escucha.

José era solo un niño, pero en su corta edad descubrió que, incluso en la cisterna, Dios no lo había abandonado. Su sueño se convirtió en una pesadilla en la cisterna. Pero el mismo Dios que le dio un sueño era el mismo Dios que permanecería fiel. Pablo escribió:

> ¿Quién nos separará del amor de Cristo? ¿Tribulación, o angustia, o persecución, o hambre, o desnudez, o peligro, o espada?
> —Romanos 8:35

Luego el apóstol continúa y nos da la respuesta:

> Por lo cual estoy seguro de que ni la muerte, ni la vida, ni ángeles, ni principados, ni potestades,

> ni lo presente, ni lo por venir, ni lo alto, ni lo
> profundo, ni ninguna otra cosa creada nos
> podrá separar del amor de Dios, que es en
> Cristo Jesús Señor nuestro.
>
> —ROMANOS 8:38–39

¿Acaso no es asombroso? ¡Nada puede separarlo del amor de Dios en Cristo Jesús! Puede que lo separen del amor de otros pero *nunca* del amor de Dios. Ni siquiera la cisterna más profunda puede alienarlo de su amor, porque la Biblia dice que *nada* puede separarlo.

¿Alguna vez ha clamado pero sintió que nadie lo escuchaba? Incluso cuando todos los demás lo ignoran, Dios lo escucha.

La palabra nada en inglés está conformada en realidad por dos palabras: *¡no thing!* [ninguna cosa] En Romanos 8:31 Pablo pregunta: "¿Qué, pues, diremos a esto? Si Dios es por nosotros, ¿quién contra nosotros?". Esto debe transmitirle un mensaje a su vida: *¡ninguna cosa me separará del amor de Dios!* La presencia de Dios es su consuelo en tiempos de soledad, incluso en la cisterna.

El dolor de las estaciones de sequía

La Biblia dice que a José lo colocaron en la cisterna y que estaba seca. Irónicamente, la cisterna en la que José se encontró era de hecho una cisterna que había sido cavada en la tierra. Estas cisternas eran profundos huecos hechos en la tierra e incluso en la roca. Se usaban para acumular agua. He estado en Israel muchas veces y he visto de cerca estas cisternas y son muy profundas. Cuando es la estación de sequía, no solo están secas; están muy secas. A José lo lanzaron en una de esas cisternas y eso ocurrió obviamente durante una estación de sequía, porque la Biblia dice que estaba muy seca. En otras épocas ese era un lugar de frescura, pero ahora estaba seco.

Sus hermanos cuidaban de los rebaños en la misma región todo el año. Quién sabe, tal vez José había estado en la misma cisterna en otro momento y se había refrescado. Pero aquí está en el mismo lugar y se ha convertido en un lugar seco. Eso se parece bastante a los lugares secos de la vida. Resulta confuso que un lugar que solía brindarle frescura se convierta en un lugar seco. He visto personas que llegan a un lugar seco en su matrimonio, en sus carreras e incluso en su andar con Dios. Los lugares donde solían encontrar descanso y frescura se han vuelto secos y frustrantes. Épocas como estas no solo son secas, sino que son muy secas. ¿Alguna vez ha atravesado una temporada de mucha sequía?

Es durante estas temporadas que se siente fuertemente tentado a rendirse. He visto personas que abandonan su matrimonio en una temporada de sequía, abandonan su trabajo en una temporada de sequía e incluso se apartan de Dios en una temporada de sequía. ¡Esto es algo muy triste porque los lugares secos no se quedan así! Así como esas cisternas se vuelven a llenar de agua en la época de lluvias, Dios envía la lluvia de su presencia para que lo refresque en las temporadas de sequía.

Con toda seguridad, José experimentó dolor en su temporada de sequía, pero no se rindió y por no haberse rendido, Dios lo bendijo. No se quedó con la cabeza baja, ni desistió de la vida ni se sumió en la depresión. Tenía un sueño en lo profundo de su ser, un sueño de la cisterna al palacio. Sabía que iba a algún lugar.

Usted debe reconocer que, en las temporadas de sequía,

Dios todavía tiene un plan. Él lo está mirando y preparando las cosas para el futuro. José soportó tiempos difíciles, pero sus temporadas de sequía solo fueron períodos de espera temporales en los que Dios alineaba su destino. No se frustre cuando atraviese una temporada de sequía, ¡porque en el debido tiempo su destino se liberará!

El dolor de sentirse subestimado

José enfrentó el dolor de sentirse subestimado. Tenía la promesa y el potencial para llegar a ser un líder de clase mundial pero, en vez de esto, se convirtió en un esclavo en Egipto. Ya he hablado sobre el hecho de que a José lo infravaloraron en el capítulo 7. Pero la razón por la que los hermanos de José lo infravaloraron es porque lo subestimaban.

Hay un gran dolor en la subestimación. Es ofensiva, degradante y frustrante. *Subestimar* es una palabra poderosa. De hecho, son dos palabras juntas, *sub* y *estimar*. La palabra *estimar* es igual a la palabra *valorar*; cuando usted estima algo, le da valor.

De modo que subestimar es algo similar a infravalorar a una persona, pero es más que eso. La persona que es subestimada no solo recibe un ataque en su presente, sino también en su futuro. Ser subestimado es que alguien le diga que no da la talla y que nunca la dará.

A lo largo de toda la Biblia, las personas que fueron subestimadas hicieron grandes cosas: Faraón subestimó a Moisés, Goliat subestimó a David y Gedeón se subestimó a sí mismo (solo por mencionar algunos). Una y otra vez personas como estas terminaron en la cima. ¿Por qué? Porque Dios transforma los perdedores en vencedores.

Cuando alguien lo subestima, está declarando que no cree en usted. Pero escuche con atención: *¡Dios cree en usted!* Dios cree en usted cuando nadie más lo hace porque conoce el gran potencial que tiene dentro. La razón por la que lo sabe es porque Él lo colocó allí.

Las personas que lo subestiman no tienen la última palabra; *¡Dios es el que la tiene!* Pero usted tiene que ejercitar su fe y creer acerca de usted lo mismo que Dios cree. De alguna manera, José se elevó hasta la cima sin importar dónde estaba porque, a pesar de lo que otros pensaban de él, ¡se negó a subestimarse a sí mismo!

Sus hermanos lo vendieron por $12.80. Sus hermanos pudieron haberlo vendido a él y a su túnica por un precio mucho más alto, pero no lo hicieron. El precio de ganga era para enviar el mensaje a José de que valía menos que una burra prestada.

> **Las personas que lo subestiman no tienen la última palabra; *¡Dios es el que la tiene!***

Incluso si lo han subestimado, no permita que el dolor y el lugar en que ahora se encuentra dicten el lugar donde terminará. Deténgase ahora dondequiera que esté y haga esta declaración: "Mi sueño es precioso y yo también". Quítese el dolor que produce el ser subestimado y avance hacia su promesa. Vuelva a ponerse en contacto con su sueño y véase *viviendo el sueño* en su futuro.

El dolor de las falsas acusaciones

José enfrentó el dolor de las falsas acusaciones cuando la esposa de Potifar mintió con respecto a la violación. Qué acusación tan seria. José se encontraba en un verdadero dilema.

Su acusador era la esposa de una persona prominente en el palacio de Faraón. Pero a pesar de todo, nadie iba a detener a José.

Una de las cosas más difíciles de lograr en la vida es mantener la cabeza en alto cuando sabe que es inocente. Su acusación no tenía fundamento, ni pruebas, ni testigos. Pero eso no importaba; era culpable antes de que se demostrara lo contrario.

Es doloroso, estresante y odioso cuando a uno lo acusan falsamente. Uno de los dolores más grandes de las falsas acusaciones se produce por la pérdida de la relación. José no había hecho nada malo pero, no obstante, sufrió la pérdida de las relaciones con aquellos que lo rodeaban. A pesar del bien que había hecho, había personas en su vida que pensaban lo peor de él.

Existe un nivel diferente de dolor cuando las personas que lo conocen, que conocen su carácter y su trayectoria, deciden pensar lo peor acerca de usted en vez de creer en usted. José era un hombre de carácter e integridad, pero el único que sabía eso era Dios.

Cuando usted no puede defenderse a sí mismo, deje que Dios lo haga. La Biblia dice: "'Mía es la venganza, yo pagaré, dice el Señor" (Romanos 12:19). La verdad es que, si usted insiste en defenderse a sí mismo, Dios lo dejará. No tome los asuntos en sus propias manos; solo terminará haciendo que las cosas se vuelvan peor.

Habrá momentos en los que sufrirá el dolor de las falsas acusaciones. Al enemigo le encanta enviar engañadores a las vidas de las personas con grandes destinos. Pero lea esto con atención: recuerde quién es y tome la decisión de permanecer en el curso de su sueño. ¡Mantenga su integridad y al final saldrá victorioso! Nunca se rinda debido a un engañador.

¡Niéguese a permitir que un engañador se convierta en un rector en lo que tiene que ver con su destino!

El dolor de las ataduras

La acusación de violación condujo a José a la prisión. Una vez más enfrentó el dolor en el proceso al palacio. Su vida estuvo llena de vuelcos emocionales. Los altibajos de la vida pueden causarle estrés y preocupación, pero José se negó a permitir que su tiempo detrás de las rejas pusiera en prisión también a su sueño.

Incluso en la cárcel prosperó. Dios usó este tiempo para protegerlo de una muerte segura a manos de aquellos en el palacio de Faraón que habrían tomado el asunto en sus propias manos. Muchas veces Dios lo llevará a la prisión para protegerlo. El camino a la cima incluirá una visita al abismo. El tiempo es esencial. Dios está en el trono y Él no está nervioso.

No se desanime. Hacer el bien llevó a José a la prisión. Cuando usted está viviendo de la manera correcta y haciendo lo correcto, no tema cuando parece que está en cautiverio. Esté consciente de que Dios está trabajando detrás de las cámaras y que el día de su destino está en el horizonte.

El dolor de ser olvidado

José enfrentó el dolor de ser olvidado cuando el copero no se acordó de él. Después de todo, le había dado una palabra de esperanza y las últimas palabras que intercambiaron fueron: "No me olvide". Pero pasaron dos años antes de que el copero se acordara de José. Este era su boleto para salir de la jaula, o al menos eso pensaba José.

Cuán frustrante tiene que haber sido esperar, contar los días, con la esperanza de que llegara el día de su liberación.

¿Ha estado usted allí? ¿Ha confiado en otros solo para que lo olviden en su hora de dificultad? José batalló con la decepción de que alguien en quien estaba confiando lo olvidara.

En el Antiguo Testamento hubo un gran profeta llamado Zacarías. Profetizó en una época en que los hijos de Israel se estaban cansando en la reconstrucción del templo. Pareciera como si el sueño de ver toda la reputación de la casa del Señor restaurada estaba en peligro de no ocurrir. Fue en este momento crítico que el Señor trajo al frente de batalla a un poderoso profeta llamado Zacarías.

El nombre de Zacarías significa: "El Señor se acuerda". Era como si Dios estuviera dejando que las personas supieran que, sin importar quién olvida el sueño, incluso si usted mismo lo olvida, ¡el Señor se acuerda! Si alguien en quien estaba confiando lo ha olvidado, ¡ese no es el final! Aliéntese con estas palabras: el Señor se acuerda.

Puedo prometerle esto: en algún momento a lo largo de su viaje alguien lo va a decepcionar. Recuerde esto. No es la decepción lo que necesita tratar, sino el dolor y el quebranto de ser olvidado. Sé esto porque he estado allí. Clamé al Señor y le pregunté: "¿Dios, dónde estás?". Las reconfortantes palabras se escucharon con claridad: "Nunca te abandonaré ni te dejaré, yo me acuerdo".

El dolor de la falta de reconocimiento

José enfrentó el dolor de la falta de reconocimiento. Su don había hecho que liberaran al copero. Los soñadores son dotados, creativos y productivos. Con el objetivo de proteger su corazón del dolor de la falta de reconocimiento, tiene que recordar quién le dio su sueño y por qué lo tiene. No se trata de usted, sino que se trata de los otros a los que servirá. De todas formas, el verdadero reconocimiento no nos pertenece; le pertenece a Dios.

Tiene que caminar en humildad para proteger sus emociones. Haga lo que sea sin esperar nada, sin ninguna otra motivación y sin el deseo de que lo reconozcan. Recuerde las palabras de nuestro Señor: "De cierto os digo que en cuanto lo hicisteis a uno de estos mis hermanos más pequeños, a mí lo hicisteis" (Mateo 25:40).

En cada situación, de alguna manera José no desaprovechó su dolor. Creo que José era un adorador. La Biblia dice: "Y vio su amo que Jehová estaba con él, y que todo lo que él hacía, Jehová lo hacía prosperar en su mano" (Génesis 39:3). Pero José no solo tuvo favor en los buenos tiempos; lo tuvo también en los malos.

> Y tomó su amo a José, y lo puso en la cárcel, donde estaban los presos del rey, y estuvo allí en la cárcel. Pero Jehová estaba con José y le extendió su misericordia, y le dio gracia en los ojos del jefe de la cárcel. Y el jefe de la cárcel entregó en mano de José el cuidado de todos los presos que había en aquella prisión; todo lo que se hacía allí, él lo hacía. No necesitaba atender el jefe de la cárcel cosa alguna de las que estaban al cuidado de José, porque Jehová estaba con José, y lo que él hacía, Jehová lo prosperaba.
> —GÉNESIS 39:20–23

El favor viene a aquellos que están en comunión con el Señor. El favor viene a la vida de aquellos que adoran incluso cuando están heridos. La Biblia dice que el Señor habita en la alabanza (Ver Salmo 22:3). José tenía la habilidad de tomar su dolor y convertirlo en alabanza. Su alabanza estuvo presente cuando lo echaron a la cisterna, cuando lo vendieron como esclavo, cuando mintieron acerca de él, cuando lo acusaron de violación, cuando lo lanzaron a la prisión y cuando lo olvidaron y lo dejaron abandonado.

Un verdadero adorador es alguien que puede adorar cuando todo va mal, incluso cuando él o ella lo ha hecho todo bien.

Yo llamo a esto adoración herida. José no desaprovechó su dolor. Permaneció firme en la crisis y el caos. Permaneció fiel a su sueño a pesar del desaliento y la desesperación. Miró hacia arriba cuando todo iba hacia abajo. Convirtió su dolor en alabanza y sus heridas en adoración.

Un verdadero adorador es alguien que puede adorar cuando todo va mal, incluso cuando él o ella lo ha hecho todo bien. Creo que una de las adoraciones más preciosas que puede ofrecer a Dios es la adoración herida. Esta clase de adoración declara: "Señor, estoy herido y no comprendo esta temporada. Soy un adorador herido, pero te traeré lo que tengo". Esa es la clase de adoración que confunde al infierno y conmueve al cielo.

La prueba más verdadera de un adorador es cómo alaba en medio de su dolor. No desaproveche su dolor. Tome cada situación y comience a alabar mientras sale de ella. Las palabras y las canciones fieles que salen del corazón traerán sanidad, esperanza y felicidad. Cuando sabe que Dios todavía está con usted, podrá vencer todos los obstáculos que encuentre en el camino. Dios merece su alabanza a pesar de sus circunstancias.

La Biblia dice: "Dad a Jehová la gloria debida a su nombre; Adorad a Jehová en la hermosura de la santidad" (Salmo 29:2).

Eso significa que, a pesar de lo que sea, Dios ha sido bueno con usted y debe alabarlo hasta ese nivel.

Su nivel de alabanza dependerá de su visión; ¿qué ve? Eso fue lo que Dios le preguntó a los profetas Jeremías (Jeremías 1:11) y Ezequiel (Ezequiel 37:1–2). Necesita ver las flores en cada temporada. Necesita ver los huesos secos como personas restauradas. Compare su situación con su sueño. Su sueño hará que la alabanza se mantenga en su boca cuando el dolor trate de destruirle el corazón.

Su visión determinará su victoria. En su cisterna, vea su salida. En su dolor, vea su potencial. En su temporada de sequía, vea una nube cargada de lluvia del tamaño de la mano de un hombre. En su rechazo, vea su aceptación. En su prisión, vea su palacio. En su desesperación, vea al Señor sentado en su trono, alto y elevado.

Comience a declarar la bondad de Dios basándose en lo que Él ha prometido, no en lo que le dicen sus circunstancias presentes. No permita que su dolor determine su posición. ¡No desaproveche su dolor; adore al Señor en medio de su desastre y vea cómo Dios lo levanta en el debido momento!

Capítulo 15

Mi sueño se ha liberado, pero ¿qué hay de mí?

Y José unció su carro y vino a recibir a Israel su
padre en Gosén; y se manifestó a él, y se echó sobre
su cuello, y lloró sobre su cuello largamente.
• *Génesis 46:29* •

C UANDO USTED VE TODAS LAS PIEZAS ENCAJAR Y SU
sueño hecho realidad por fin, se produce un sentimiento
asombroso. El día cuando lo abstracto se hace palpable es un
gran día. Nada se compara con ver una esperanza y un sueño
que ha tenido durante años hacerse tangibles y palpables en su
vida. Cuando todos los años de transición finalmente se unen
para cobrar sentido, todos los cambios y ajustes fueron solo
transiciones hacia la posición final. El día cuando se libera un
sueño es un día increíble. Y es en ese momento que debe hacerse algunas preguntas honestas:

- ¿Estoy libre de toda la falta de perdón, de toda
  la amargura y de todas las ofensas? ¿Qué hay de

la amargura contra las personas que trataron de destruir mi sueño y asesinar mi destino con tanta vehemencia? ¿Tengo la necesidad de triunfar solo para mostrar a aquellos que despreciaron mi sueño cuán grande yo era en realidad durante todo el proceso pero cuán superficiales e inmaduros espiritualmente eran ellos para darse cuenta? ¿Estoy buscando una oportunidad para decir: "¡Se los dije!"? ¿O estoy agradecido?

- ¿Estoy tan agradecido que no tengo predisposición alguna a vanagloriarme en mi propia grandeza y en mí mismo? ¿Tengo tan poco que probar que puedo cerrar la boca y permitir que el sueño hable por sí mismo? ¿Estoy libre del orgullo? La apremiante pregunta que demanda una respuesta es esta: *Mi sueño se ha liberado, pero ¿qué hay de mí?*

Una de las primeras cosas de las que debemos liberarnos es el orgullo. El orgullo es peligroso, porque el orgullo es al soñador lo que el fuego a un bosque seco. Así como el fuego lo consume todo en un bosque, de la misma manera el orgullo lo consume todo, al sueño *y* al soñador.

Una de las cosas que marcó la vida de José fue el hecho de que nunca permitió que la manifestación de su sueño diera lugar al orgullo en su vida. Esto se hace evidente la primera vez que sus hermanos se presentaron delante de él en Egipto. Él era su propia carne y sangre pero, a pesar de eso, no lo reconocieron.

En vez de insultarse y ofenderse, los ayudó. No tenía necesidad de vanagloriarse ni nada por el estilo. El hecho de que ellos estuvieran ciegos a su sueño después que había sucedido no motivaba una respuesta orgullosa o desagradable.

**El orgullo es al soñador lo que el
fuego a un bosque seco.**

La atadura de la ceguera

José estaba viviendo sus sueños y aquellos que habían tratado de asesinar esos sueños ni siquiera se daban cuenta de ello. No podían verlo a él ni a su sueño. ¿Qué pudo haber enceguecido tanto a esos hombres que no pudieron reconocer a su propio hermano?

1. Estaba ciegos por la intimidación.

Todos los hermanos de José veían a un gran líder que tenía todo el poder y la provisión. Él era un hombre que lo tenía todo. Se sentían tan intimidados por él que no podían ver quién era verdaderamente. De hecho, por sus mentes nunca pasó que este poderoso hombre fuera de hecho su propio hermano menor. Si este era José, había cambiado tanto que no sabían quién era.

Esto es muy significativo porque, a menudo, cuando sus sueños se hacen realidad, personas que usted ha conocido toda la vida lo tratarán de una manera diferente. Lo trataran como un extraño porque sienten que ya no lo conocen. No pueden entender que usted sigue siendo la misma persona, solo que más bendecido y pleno.

Es por eso que es necesario no permitir nunca que el éxito cambie quién es usted. De la mejor manera que pueda, debe permanecer reconocible. Nunca use el cumplimiento de sus sueños como una forma para intimidar a aquellos que lo rodean. Existirán algunos que se intimiden por el cumplimiento de sus sueños y ciertamente usted no podrá hacer nada para evitarlo. Lo que puede hacer, no obstante, es permanecer fiel a sí mismo; permanezca genuino y misericordioso.

Me he dado cuenta de que la prueba más verdadera del carácter de un hombre no se revela en cómo fracasa sino en cómo triunfa. Algunas personas triunfan y esto los cambia tanto que ya no son más las mismas personas. En general, es mejor ser un fracaso amable que un éxito despiadado. Necesita esforzarse para triunfar pero, a medida que se eleva, hágase más amable, más accesible y llénese de más compasión. Recuerde esto: las personas que son intimidantes a menudo terminan solas.

2. Estaban ciegos por su propia necesidad.

Los hermanos de José solo lo veían en una dimensión muy particular. Lo veían como la fuente para satisfacer sus necesidades inmediatas. No se daban cuenta de que él era mucho más que alguien que podía darles comida. Era de la familia y los amaba. Tenía una conexión con ellos que iba mucho más allá de lo que podía proporcionarles en el sentido natural.

> **Es mejor ser un fracaso amable
> que un éxito despiadado.**

Quién era él para ellos era mucho más importante que lo que podía darles. Debido a quién era para ellos, les daría cualquier cosa que necesitaran y lo que más necesitaban era la relación, porque las verdaderas bendiciones emanan de las relaciones.

Las bendiciones que se producen debido a las relaciones

tienen al amor como su motivación principal. Las bendiciones son un producto de la relación y son las mejores. Las relaciones ofrecen bendiciones que el dinero no puede comprar.

Habrá personas en su vida que no podrán reconocerlo una vez que sus sueños se cumplan debido a la necesidad que tienen de aquello que el sueño suyo puede proveerles. Así como los hermanos de José, ya no lo verán como su familiar o su amigo y solo lo verán en la dimensión de lo que es capaz de darles.

3. Estaban ciegos por su vergüenza.

En Génesis 42:21, los hermanos comienzan a hablar del hecho de que estaban enfrentado tiempos difíciles por lo que le habían hecho a José. Muchos años habían transcurrido desde entonces, pero su ayer estaba persiguiendo su hoy. Los fantasmas del pasado los habían cegado y por eso no podían ver la promesa del presente. Están en presencia de su hermano pero no pueden reconocerlo porque sus vidas están llenas de vergüenza. Cargaban la culpa del pasado en su presente y por eso no podían ver la respuesta que estaba justo delante de sus ojos.

Muy pocas cosas lo ciegan como la culpa y la vergüenza. Estará aquellos que necesitan su ayuda, que necesitan los beneficios que su sueño manifestado puede darles y que no serán capaces de reconocerlo en esta temporada debido a la vergüenza que sienten de sí mismos. La vergüenza de los hermanos de José se debía a una pantalla de humo que, de hecho, les impedía salir de su dolorosa lucha.

A medida que he estudiado y analizado la vida de José, me he dado cuenta de que tiene muchos paralelos con la vida de Jesús. De hecho, cuando estudia a José, descubrirá que es un tipo de Cristo en el Antiguo Testamento. Un *tipo* es una figura, una sombra o un ejemplo. La vida de José tiene un patrón similar al de Cristo.

- Tanto José como Jesús fueron muy amados por sus padres (Génesis 37:3; Mateo 3:17).

- Ambos huyeron a Egipto (Génesis 37:28; Mateo 2:13–15).

- A ambos los rechazaron sus hermanos (Génesis 37:4–5; Juan 7:3–5).

- A ambos los vendieron injustamente (Génesis 37:28; Mateo 26:15).

- A ambos los trataron injustamente, a José con la violación y a Jesús con la blasfemia (Génesis 39:20; Mateo 26:59).

- Los egipcios se arrodillaron delante de José y todo el mundo se arrodillará delante de Cristo (Génesis 41:43; Filipenses 2:10).

- Ambos fueron coronados a la postre con gloria y honor (Génesis 41:39–45; Hebreos 2:9).

Si tenemos eso en cuenta, es muy fácil darse cuenta de cómo los tres asuntos que cegaron a los hermanos de José también nos pueden cegar para impedir que veamos a Cristo y su grandeza.

Con mucha frecuencia, así como los hermanos de José, usted puede sentirse intimidado cuando se presenta delante de Cristo con sus necesidades. Demasiadas personas ven a Jesús solo como un gran rey que es indolente e inaccesible, todopoderoso, pero totalmente ajeno a su situación. Ven a Jesús como un extraño en vez de como un amigo que puede estar más cerca que un hermano.

La prueba más verdadera del carácter de un hombre no se revela en cómo fracasa sino en cómo triunfa.

¿Cuántas veces usted camina en menos de lo que Jesús ha planeado para usted porque se siente intimidado? La Biblia dice en Mateo 7:7: "Pedid, y se os dará". ¿Con cuánta frecuencia permite que el factor de la intimidación le impida pedir?

Libérese y vea

Hay tres pasos claves para liberarse de la intimidación y ver a Jesús como realmente es. Veamos cuáles son.

1. Debe darse cuenta de que Jesús no es un líder distante que es insensible y ajeno a su situación.

Por el contrario, el escritor de Hebreos declara: "No tenemos un sumo sacerdote que no pueda compadecerse de nuestras debilidades" (Hebreos 4:15). En otras palabras, Jesús se interesa. Él nunca se revela a sí mismo como alguien inaccesible o intocable. Me encantan sus palabras en Mateo 11:28: "Venid a mí todos los que estáis trabajados y cargados, y yo os haré descansar". No hay necesidad de sentirse intimidado; Él lo invita a venir, con sus problemas, con sus necesidades y con toda su maleta. Simplemente le dice: "Venid".

2. Debe darse cuenta de que Jesús es más que un proveedor.

Como los hermanos de José lo veían solo en una dimensión, así usted y yo a menudo vemos a Cristo en una sola dimensión. Si no tiene cuidado, verá a Jesús solo como proveedor. Están aquellos que vienen a la presencia de Jesús basados solamente en lo que puede darles mientras pierden de vista quién es Él para ellos en realidad. Es algo trágico buscar la bendición del Señor cuando no hay un interés real en llegar a conocer al Señor de la bendición. Para muchos, Jesús es solo un papá adinerado, al que solo acuden cuando las cosas se ponen difíciles o cuando sucede algo malo. Se acercan a Jesús solo como consumidores y pierden la esencia de la oportunidad para obtener aquello que más desea Jesús: *la relación*.

Las mayores bendiciones del Señor llegan a usted debido a la relación. Cuando usted comprende el poder de la relación con Jesús, todo cambia.

Esto se me hace muy claro cuando analizo mi propio mundo. Tengo una relación con mis hijos. Ellos me piden cosas que nadie más me pudiera pedir, pero lo hacen porque tenemos una relación. Hago cosas por ellos porque los amo, no por un sentido de deber u obligación, sino simplemente basado en el amor. Si les respondiera basado en el deber o la obligación, entonces llenaría solo el mínimo indispensable.

Pero debido a mi amor por ellos, debido a la relación, debido a lo que son para mí y lo que significan para mí voy *más allá* a la hora de bendecirlos. No es porque se lo han ganado, no porque debo hacerlo, ni siquiera porque me lo pidieron. Los bendigo porque los amo. Soy para ellos mucho más que un proveedor; soy su papito y tengo una relación con ellos.

Si alguna vez llega a entender el poder de la relación con Jesús, mire lo que pasará. Tendrá hambre de orar, hambre de adorar y hambre de pasar tiempo con el Señor. Las mayores bendiciones de Jesús fluyen hacia usted debido a la relación.

Le pide cosas que solo puede pedirle debido al poder de la relación.

> **Es algo trágico buscar la bendición del Señor cuando no hay un interés real en llegar a conocer al Señor de la bendición.**

Esto se hace obvio cuando le pide a Cristo cosas que no merece y Él se las da de todas formas. En mi propia vida sé que camino a menudo en lo que he llamado "bendiciones de todas formas", ¡bendiciones que no merezco pero que de todas formas las tengo! Jesús no le responde basado en su valor o en su derecho a la bendición. Le responde porque tiene una relación con usted.

Su relación con Jesús debe tener su fundamento en el amor mutuo, no en las cosas. Quiero que usted conozca y ame al Señor de tal manera que las bendiciones se conviertan en un efecto secundario y su relación ocupe el lugar principal. Oro para que su necesidad nunca lo ciegue y le impida ver todo lo que Jesús puede ser para usted.

3. No puede permitir que la vergüenza de su pasado le impida ver a Jesús.

Así como los hermanos de José estaban ciegos por su vergüenza, ¿cuán a menudo usted está ciego debido a la suya? La vergüenza de su pasado, la vergüenza de sus fracasos y la vergüenza de sus asuntos pueden cegarlo e impedir que vea la respuesta. Demasiadas personas están ciegas y no pueden ver a Jesús porque viven en una nube de culpa que entorpece su habilidad de ver a Cristo. Es algo terrible estar parado en el umbral de un nuevo comienzo y darse cuenta de que está bloqueado por las heridas del pasado.

Sentir vergüenza es natural, pero permitir que ella lo separe de Cristo es trágico. Permitir que la vergüenza lo separe de Cristo es asumir que alguna vez podría ser lo suficientemente bueno como para presentarse delante de Cristo. Esta forma de pensar es errónea porque nada de lo que haya hecho alguna vez puede separarlo de Cristo y nada de lo que alguna vez podría llegar a hacer puede hacerlo digno de presentarse delante de Él. Usted viene a Jesús basado en una premisa y esa premisa es únicamente la gracia. Tiene que sacudirse de la vergüenza de su pasado y venir con confianza delante del Señor, lanzándose en la fuerza indetenible de su maravillosa gracia.

El proceso del sueño puede tomar años para manifestarse. Puede ser una temporada agotadora, difícil y exigente. Está llena de luchas, conflictos, difamaciones, asesinos de sueños, rechazo y dolor. El dolor del proceso disminuye cuando el propósito del proceso se revela.

Usted se regocijará cuando llegue y se haga realidad. Pero en el proceso, no se amargue. Cuando el sueño se libere, usted también se liberará. Reconozca el favor y el perdón de Dios durante el viaje, no cuando termine.

José se reunió con su familia. Preservó la vida de las generaciones futuras y hoy celebramos los beneficios de su sueño. ¡José venció a los asesinos de sueños en su vida y usted también puede hacerlo! Cobre ánimo, soñador. No se rinda; *¡mire hacia arriba!* Los planes de Dios para usted están en su sueño... ¡así que ocúpese en hacerlo realidad!

¡Sueñe otra vez, sueñe en grande, sueñe a menudo, sueñe en colores y sueñe ahora!

Capítulo 16

La guía de supervivencia del soñador

Ninguna arma forjada contra ti prosperará, y
condenarás toda lengua que se levante contra ti
en juicio. Esta es la herencia de los siervos de
Jehová, y su salvación de mí vendrá, dijo Jehová.
• *Isaías 54:17* •

HAY ALGO QUE SE DEBE DECIR CON RESPECTO A LA supervivencia. Los sobrevivientes logran salir de donde otros mueren. Los sobrevivientes viven para ver un nuevo día. Los sobrevivientes continúan soñando incluso cuando lo tienen todo en contra. Los sobrevivientes no conocen el significado de la palabra *rendirse*. Nunca olvide este hecho: *usted es un sobreviviente*.

Sin importar cómo se siente o cuál es su condición, usted todavía está vivo y todavía está aquí. Eso lo convierte en un sobreviviente. Pero hay algo que tiene que saber: A Satanás realmente no le interesa si usted sobrevive, siempre y cuando no suceda lo mismo con su sueño. Si usted vive incompleto,

176

infeliz y sin sueños, el enemigo estará muy feliz. Pero ese no es el plan de Dios ni es el propósito suyo. No solo tiene que sobrevivir, sino que su sueño también debe vivir junto con usted.

En este capítulo quiero equiparlo con las herramientas necesarias que deberá usar para sobrevivir a todos y cada uno de los asesinos de sueños en su vida. Esta es una guía de supervivencia literal que lo capacitará para ser un vencedor. Si lleva estos principios a la acción, verá los sueños que Dios le ha dado hacerse realidad.

A Satanás realmente no le interesa si usted sobrevive, siempre y cuando no suceda lo mismo con su sueño.

Prepárese para descubrir que la Palabra de Dios es absolutamente verdadera. Lo que se escribió a través del profeta Isaías en el pasaje al inicio de este capítulo se cumple en su vida también. ¿Acaso no es asombrosa esa porción de las Escrituras? Preste mucha atención a lo que dice: "Ninguna arma forjada". En otras palabras, no puede sorprenderse cuando se forjen las armas.

Como creyente y gran soñador, es un hecho que el enemigo, Satanás, forjará armas en contra suya. A eso se dedica.

Los asesinos de sueños también forjan armas y esa es otra conclusión inevitable. Donde entra a jugar la fe es cuando usted sabe que los enemigos de sus sueños pueden formar contra usted cualquier arma que deseen. Pueden crearlas e incluso lanzarlas. Pero su promesa es esta: ¡ninguna arma prosperará!

¡Eso es una buena noticia!

Una de las cosas más asombrosas acerca de José es que

era un sobreviviente. Logró avanzar a través de lo que para muchos hubiera significado la destrucción. Debió tener principios para vivir que le aseguraran la existencia aun en los tiempos más difíciles.

Cuando usted vive su vida guiado por principios, está creando la atmósfera para que el éxito y la victoria se manifiesten. La palabra *principio* es una palabra asombrosa. El diccionario Mac define la palabra principio de una manera poderosa: "una verdad o proposición fundamental que sirve como base para un sistema de creencias o conducta o para una cadena de razonamiento".

Vivir una vida con principios significa que hay ciertas creencias y conductas que aplica en su vida diaria. La vida con principios es una vida disciplinada. No siempre es la vida más fácil, pero es la vida que logrará la manifestación de sus más grandes sueños.

Durante el resto de este capítulo voy a darle principios poderosos que lo ayudarán a ver su sueño hecho realidad. Este es el capítulo que su asesino de sueños no quiere que lea.

Siete principios poderosos

1. *Comprenda la necesidad de la flexibilidad.*

En ocasiones la mayor habilidad de una persona es la flexibilidad. En cambio, uno de los asesinos de sueños más efectivos es la inflexibilidad.

En la vida y en la persecución de sus sueños, tiene que estar dispuesto a moldearse. Si no lo está, entonces vaya y prepárese, porque con toda seguridad se romperá. Las personas que son inflexibles a menudo agrandan lo mínimo y minimizan lo grande. Se encuentran totalmente atrapados en el momento o en sus propias opiniones o ideas. Las personas inflexibles no pueden ver el cuadro completo.

Las p   mpre matan sus propios
sueño°   nte es algo que no puede
dars   esta es una revelación verda-
der   ibilidad: la inflexibilidad tiene su
fun   .lo.

           emente el orgullo en el capítulo anterior,
per   .le añadir aquí que la Biblia dice en Proverbios
16:1(.j): "Al orgullo le sigue la destrucción". El orgullo es
el precedente de grandes problemas. Las personas más inflexibles están llenas de un orgullo excesivo. Cuando alguien se
llena de orgullo, se ve a sí mismo y a sus opiniones como el
centro del universo. Una de las soluciones para algunos de sus
problemas más intensos es aprender a ser flexible y adaptable.

Ser flexible no significa que usted comprometa su sueño;
por el contrario, significa que está haciendo lo necesario para
asegurar que su sueño se haga realidad. Imagínese donde habría terminado José si no hubiera aprendido el arte de la flexibilidad. Durante cada etapa de su viaje, desde la cisterna hasta
la casa de Potifar hasta la prisión hasta el palacio, es obvio que
José comprendía la flexibilidad.

Nunca subestime la flexibilidad. Hay negocios que fra-
casan, iglesias que cierran, matrimonios que se rompen y relaciones que se pierden debido al culpable de la inflexibilidad.
No permita que la inflexibilidad mate su sueño.

Las personas flexibles no se rompen bajo la presión; se do-
blan. Las personas flexibles se recuperan. Las personas flexibles ven sus sueños hacerse realidad. ¡Solo pregúntele a José!

2. Sea motivado por la fe en vez de preso por el temor.

El temor es uno de los asesinos de sueños más exitosos que
el hombre conoce. Cuando vive su vida motivado por el temor,
nunca verá el cumplimiento de sus grandes sueños. Sin lugar
a dudas, un gran sueño requerirá que usted venza su temor.

Hay muchas características que identifican al soñador que está controlado por el temor.

En primer lugar, el temor paraliza a la persona en su problema. Las personas que están presas en el temor usualmente están atascadas en su situación y son incapaces de avanzar. Si se permite a sí mismo estar preso en el lugar donde se encuentra, nunca llegará adonde Dios lo ha llamado que vaya. Su sueño requiere avance y movimiento.

¿Se imagina si José hubiera estado dominado y controlado por el temor? Obviamente venció el temor, porque en cada situación en la que estaba, sobresalió y apuntó tan alto como podía. Lo pusieron a cargo de la casa de Potifar, donde comenzó como esclavo. Cuando lo pusieron en prisión, terminó encargándose de todo el palacio. Luego, cuando tuvo la oportunidad, llegó a ser el segundo al mando en todo Egipto, respondiendo solo al faraón.

Es importante que usted no se permita a sí mismo estar paralizado por el temor. Su siguiente nivel depende de dar el siguiente paso por fe y dar un paso requiere movimiento.

- Haga la llamada.

- Comience el negocio.

- Aplique para el empleo.

- Obtenga el título.

- Comience la relación.

Cualquiera que sea su sueño, ¡es hora de vencer el temor y avanzar!

En segundo lugar, el temor provocará que usted se siente cómodo y acepte el statu quo. El temor hará que usted piense que nunca podrá lograr más o ser más y que donde está se encuentra bien. Pero Dios no le da sueños de acuerdo al statu quo; eso lo puede hacer perfectamente por sí mismo.

Cuando Dios le da un sueño, siempre hay algo maravilloso e inusual en ello. Usted sirve a un Dios ilimitado, infinito y sin fronteras. ¿Por qué le daría sueños que simplemente están acorde al statu quo? Vivir la vida del statu quo dice: "No salga del bote. No haga ningún cambio y no intente nada nuevo o diferente". ¿Quién quiere vivir así? ¡Yo no! Pero muchos terminan haciéndolo.

No había ni una cosa en José que fuera statu quo. Él estaba fuera de los límites, era un pensador, un organizador y una persona que asumía riesgos. Los grandes soñadores que logran grandes sueños en algún momento de su vida tienen que asumir grandes riesgos.

Estar preso en el statu quo es un asesino de sueños increíble, no lo olvide.

El mismo hecho de que está leyendo este libro indica que Dios lo ha llamado a hacer grandes cosas. Me indica que usted tiene grandes sueños y que está llamado a vivir más allá de la mediocridad. Con el objetivo de sacudir el statu quo de su vida y llevar a cabo su sueño, usted tendrá que tomar la iniciativa justo donde está. ¡No permita que el temor de no hacer lo correcto lo lleve a no hacer nada!

Puede que esté pensando: "¿Y si fracaso?". Y mi respuesta a esa pregunta es decirle que una gran parte de prevalecer es fallar. No reaccione exageradamente ante el fracaso. ¡Uno aprende a triunfar fracasando! Su éxito está a menudo envuelto en su fracaso.

No se permita a sí mismo acomodarse y aceptar el statu quo. Su sueño lo invita a mucho más.

En tercer lugar, el temor hace que usted se resista al cambio. El cambio a menudo requiere que usted avance hacia lo imposible. El cambio es una realidad con la que todos debemos lidiar. Los grandes soñadores que hacen grandes cosas han aprendido a abrazar las temporadas de cambio.

José es un ejemplo excelente de alguien que sacó el mayor provecho del cambio. Es obvio que la mayoría de los cambios que atravesó no le gustaron. ¿A quién le gusta vivir en una atmósfera de estrés y odio? ¿A quién le gusta que lo lancen a una cisterna? ¿A quién le gusta que lo vendan como esclavo? ¿Quién disfruta la prisión? ¿Puede decir que nadie? ¡Al menos nadie normal!

José encontró el éxito y sus sueños se hicieron realidad porque aprendió a no temer al cambio sino a abrazarlo. El temor al cambio matará sus sueños.

Los sueños grandes requieren cambios grandes. Usted puede temer frente al cambio, puede temer el cambio e incluso puede luchar contra el cambio. Pero una cosa que no puede hacer es detener el cambio.

Tome ahora mismo la decisión de que el cambio no lo aprisione. Pablo escribió una carta a su joven hijo en la fe. En esta carta le recordó a Timoteo acerca de un hecho muy importante.

> Porque no nos ha dado Dios espíritu de cobardía, sino de poder, de amor y de dominio propio.
> —2 TIMOTEO 1:7

Entienda que Dios nunca le dio el temor. ¡Dios da FE! El temor tiene una fuente y la fe tiene otra fuente. El temor viene del enemigo; la fe viene de Dios.

> Conforme a la medida de fe que Dios repartió a cada uno.
> —ROMANOS 12:3

Me encanta la palabra *medida* que aparece en el texto griego del lenguaje original del Nuevo Testamento. La palabra para "medida" es la palabra griega *métron*. ¡Significa la medida requerida, la porción adecuada y perfecta! Dios le ha dado a usted toda la fe que necesita para llevar a cabo su sueño.

Hay épocas muy intensas en las que parece que su sueño nunca se hará realidad, épocas en las que se pregunta si tendrá la fe suficiente. Permítame aliviar su mente. Usted sí tiene la fe suficiente. Pero lea esto con mucha atención: ¡usted tiene todo lo que necesita y necesitará todo lo que tiene!

Habrá épocas en las que tendrá que hacer uso de toda la fe que tiene dentro para avanzar hacia el sueño de Dios para su vida. Pero está allí; ¡solo tiene que usarla! Sea motivado por la fe en vez de preso por el temor.

¡Usted mata al asesino de sueños del temor cuando se mueve en fe!

3. *Deje atrás lo pasado.*

Sé que ya he hablado en este libro acerca de dejar atrás el pasado. Pero solo quiero recordárselo: deje atrás lo pasado.

Nunca puede permitir que el pasado se convierta en una cadena que le impida avanzar hacia su futuro. Realmente vale la pena avanzar. Esta es una lección que estoy aprendiendo en la vida. Deje cualquier cosa que haya pasado en el pasado. Eso es liberador. Permitamos que lo pasado quede en el pasado para otros y para usted mismo.

Comprenda que, cuando usted vive en la amargura del ayer, se pierde las bendiciones del hoy y renuncia a los logros de lo que está en el futuro. Parte de su logro es aprender cómo *salir adelante.*

- Salga adelante en el dolor.

- Salga adelante en la tentación de culparse por su fracaso.

- ¡Salga adelante en la tentación de mirar atrás!

- Salga adelante en la tentación de lamentarse.

¡El mejor remedio para el lamento es avanzar hacia el cumplimiento de su sueño! Permite que todas las personas que ha encerrado en la celda de su mente salgan libres. ¡Cuando usted las libera, se libera a sí mismo!

Parte de su logro es aprender cómo *salir adelante*.

José tuvo que dejar atrás lo pasado para avanzar y, al hacerlo, sus sueños se hicieron realidad. Deje atrás lo pasado; ¡su sueño está intacto y lo mejor todavía está por venir!

4. Convierta sus obstáculos en oportunidades.

¡Esto es muy importante! Una de las mayores claves para sobrevivir a los obstáculos que aparecen y tratan de matar su sueño es verlos de una manera diferente. Comience a ver los obstáculos como oportunidades. Cuando lo haga, estará en el camino del éxito.

Siempre habrá obstáculos con los que lidiar mientras está avanzando para hacer realidad los sueños que Dios le dio. Una verdadera clave es comenzar a ver sus obstáculos de la manera en que Dios los ve. Para eso, tiene que ver con los ojos de la fe. Muchos en la Biblia lo hicieron y, por ello, vieron grandes sueños manifestarse.

Los hijos de Israel miraron el mar Rojo con los ojos del temor. Ellos vieron un obstáculo y Moisés vio una oportunidad y todos caminaron por la tierra seca. Los obstáculos se mueven cuando usted los ve como oportunidades.

Cuando el ejército de los israelitas vio al campeón de los filisteos llamado Goliat, vieron un obstáculo GIGANTE. Un joven adolescente vio una oportunidad GIGANTE. ¡David ganó una victoria indescriptible! Los obstáculos gigantes caen cuando usted los ve como oportunidades gigantes.

Cuando los discípulos de Cristo vieron una cruz en el Gólgota, vieron un obstáculo asesino, pero Jesús vio una oportunidad incomparable. La salvación, la sanidad, las victorias y los milagros se manifiestan cuando usted ve los obstáculos como oportunidades.

José fue un hombre que tuvo la habilidad de cambiar los obstáculos en oportunidades. Ya fuera en la casa de Potifar o en la prisión, José sacó el mayor provecho de cada momento.

Usted vencerá los obstáculos que se presenten como asesinos de sueños cuando los vea como oportunidades.

5. *Nunca desista de su sueño.*

Desistir es el asesino de sueños número uno. Ningún sueño del que alguien desistió alguna vez se ha hecho realidad. Cuando usted desiste de un sueño, ha dado lugar a la irreversibilidad en su vida. Al desistir está declarando: "Se acabó. He terminado y mi sueño también". Con el objetivo de ver sus sueños hacerse realidad, tendrá que tomar una decisión muy poderosa en su mente y corazón: *desista de desistir.*

En las épocas más intensas tiene que aprender a perseverar y negarse a abandonar sus sueños. Permítame darle algunos incentivos que lo inspirarán para no desistir de sus sueños a pesar de lo que sea.

El dolor que ahora está atravesando no es nada comparado con el dolor de desistir.

El dolor que está enfrentando ahora mismo ni siquiera se acerca al dolor de desistir. Creo que vivir con el dolor de lo que pudo haber sido es mucho mayor que el dolor de desistir. Si usted desiste de su sueño, siempre se preguntará cómo habría sido si lo hubiera logrado.

Es probable que esté pensando: "¿Y si mi sueño no se hace realidad?". La pregunta que le hago es… ¿y si se hace realidad?

El entrenador Vince Lombardi dijo: "Una vez que usted aprende a desistir, se convierte en un hábito".

Nunca se permita a sí mismo desarrollar el hábito de desistir. ¿Alguna vez ha conocido personas que se hicieron adictas a desistir? Nunca permita que eso suceda con usted.

Niéguese a permitir que su forma de pensar sea la de un desertor. En mi vida y en mi ministerio he luchado muchas veces con el deseo de desistir. Pero no lo hice porque eso no es lo que quiero ser, ni es lo que Dios me ha llamado a ser.

Dios tampoco lo ha llamado a usted a ser un desertor. Un sueño dado por Dios requerirá que usted se vuelva adicto a intentar, no a desistir.

Inténtelo otra vez.

Intente algo diferente.

Intente nunca dejar de intentar.

¡Intentar crea hábito; engánchese en el hábito de intentar y verá sus sueños hacerse realidad!

La única cosa que garantizará que su sueño muera es desistir.

Una vez que usted desiste, su sueño está muerto. Pero siempre y cuando todavía lo esté intentando, su sueño está vivo. Si está leyendo esto y está pensando: "Es demasiado tarde; ya he asesinado mi sueño porque he desistido", quiero

186

decirle lo que creo. Creo que el Señor le está permitiendo que lea este libro en este preciso momento porque es hora de darle a su sueño otra oportunidad.

Cuando usted decide hacer eso, estará dando nueva vida a su sueño y resucitando el destino que Dios le ha preparado.

Los perdedores desisten cuando se cansan; los ganadores desisten cuando el trabajo está terminado.

No permita que el hecho de estar cansado lo haga desistir. Mi abuelo era un hombre asombroso. Predicó el evangelio durante más de sesenta años. ¡Murió a la edad de ochenta y tres años en el púlpito! Qué manera de morir. Murió haciendo lo que amaba. Solía decir: "¡Prefiero extenuarme que oxidarme!" Honestamente, usted no tiene que extenuarse ni oxidarse. Dios está lleno de gracia y Él le dará paz y fortaleza para no desistir.

Sea sabio, descanse, reanímese y rejuvenézcase, pero haga lo que haga, poderoso soñador, ¡no desista! Usted es un vencedor y los vencedores sí se cansan; simplemente no desisten.

Estoy seguro de que José muchas veces tuvo deseos de desistir. Tiene que haber pasado largas temporadas en las que tuvo que enfocarse y confiar con todas sus fuerzas en que sus sueños se harían realidad. De alguna manera pudo lograrlo y todo lo que Dios le había dicho que sucedería se hizo realidad.

No hacer nada matará a su sueño definitivamente.

Sus sueños se harán realidad cuando usted derrote al asesino de sueños de la deserción. El enemigo está frustrado con muchos de ustedes ahora mismo mientras están leyendo este libro. Usted ha decidido: "¡Hoy es el día que voy a DESISTIR DE DESISTIR!"

6. *Vaya de soñar a hacer.*

Es asombrosamente importante que sus sueños no mueran porque usted no hizo nada para asegurar que se hicieran realidad.

No hacer nada matará a su sueño definitivamente.

Tiene que hacer algo. Su sueño requerirá que usted haga algo. El apóstol Pablo entendía esto a la perfección.

No es suficiente con ser un gran soñador; tiene que convertirse también en un gran hacedor. Pablo no solo fue un soñador, sino también un hacedor. Soñó con tener un impacto increíble y lo tuvo. Soñó con establecer iglesias poderosas para propagar el evangelio y lo hizo. ¡Soñó con ser parte de un avivamiento que barriera el mundo y lo fue!

Los soñadores más grandes se convierten en los hacedores más grandes.

- Noé fue un hacedor.

- Abraham fue un hacedor.

- José fue un hacedor.

- David fue un hacedor.

- Jesús fue un hacedor.

Escuche estas increíbles palabras que escribió Santiago.

> Pero sed hacedores de la palabra, y no tan solamente oidores, engañándoos a vosotros mismos.
> —SANTIAGO 1:22

Si usted solo se dedica a soñar pero nunca hace nada, está engañándose a sí mismo. Su gran sueño requerirá gran acción. La Biblia dice: "Sed hacedores de la palabra…". La palabra *hacedores* proviene de una increíble palabra griega: *poietés*. Significa ser un realizador o un productor. Un sueño es nada si no se produce ni se realiza. ¡Dios le ha dado grandes sueños para que se produzcan y se realicen!

El cementerio está lleno de grandes sueños. Digo esto porque estoy seguro de que ha habido muchas personas que han tenido sueños increíbles, pero cuando murieron, sus sueños murieron con ellos. Todo porque nunca avanzaron de soñar a hacer. No se lleve sus sueños a la tumba con usted. ¡Haga todo lo que Dios le ha llamado a hacer en su vida!

¡Tiene que entrar en acción, producir y realizar para que sus sueños se hagan realidad!

7. *¡Aplique los seis principios que acaba de aprender!*

Durante el proceso de avanzar hacia su sueño tiene que aplicar cada uno de estos principios. Cuando lo haga, verá los sueños hacerse realidad. ¡Dios le dará la victoria y el obtendrá toda la gloria!

Oración de poder

Haga esta oración ahora:

> *Padre Dios, tú eres el gran dador de sueños. Te agradezco por mis sueños. Gracias porque tengo todo lo que necesito para hacer realidad el sueño que me diste.*
>
> *Señor, por favor, capacítame para ser flexible en las épocas difíciles. Haz que vea todo el cuadro y nunca me deje atar por el orgullo.*
>
> *Precioso Señor, ayúdame a estar motivado por la fe en vez de estar preso por el temor. Mi fe te*

honra, poderoso Dios. En los tiempos difíciles, haz que continúe avanzando por fe y no por vista.

Poderoso Redentor, ayúdame a dejar atrás lo pasado. Nunca me permitas retener nada de mi pasado que pueda obstaculizar tu obra presente en mí o sabotear mis sueños del mañana.

Jesús que das fuerzas, bendigo tu nombre y declaro que no desisto. Confieso en fe que avanzaré e insistiré en tu poder para ver la manifestación de los sueños que me has dado. Correré y no me cansaré; caminaré y no me fatigaré.

Dios de todos los tiempos, gracias por la habilidad no solo de soñar el sueño sino también de hacer el sueño. No permitiré que mi sueño no se haga realidad por no ser un hacedor. Señor, realizaré y produciré el sueño y te agradezco porque tú realizarás y producirás tu Palabra. Ambas cosas trabajarán juntas. Entonces tendrá lugar la indetenible y sobrenatural manifestación de mis sueños.

Aplico estos principios y avanzo hacia la victoria. ¡Anticipo ahora el asombroso cumplimiento de mis sueños! ¡En el poderoso nombre de Jesús, amén!

Notas

Capítulo 1
Atrévase a soñar en grande

1. TheLifeCoach.com, "Michael Jordan's Secrets of Success," http://www.thelifecoach.com/881/michael-jordans-secrets-success/ (consultado en línea el 14 de junio de 2013).

2. Charles F. Pfieffer, Howard F. Vos, y John Rea, eds., *Wycliffe Bible Dictionary* (Peabody, MA: Hendrickson Publishers, 1998), s.v. "Joseph."

3. National Aviation Hall of Fame, "Herb Kelleher," http://www.nationalaviation.org/kelleher-herbert/ (consultado en línea el 14 de junio de 2013).

4. ThinkExist.com, "Pablo Picasso Quotes," http://thinkexist .com/quotation/everything_you_can_imagine_is_real/143235.html (consultado en línea el 14 de junio de 2013).

Capítulo 2
El poder de un sueño

1. ThinkExist.com, "Walt Disney Quotes," http://thinkexist .com/quotation/if_you_can_dream_it-you_can_do_it-always_ remember/226638.html (consultado en línea el 14 de junio de 2013).

2. WaltDisneyCompany.com, "The Walt Disney Company Reports Fourth Quarter and Full Year Earnings for Fiscal 2012," nota de prensa, 8 de noviembre de 2012, http://thewaltdisneycompany .com/sites/default/files/reports/q4-fy12-earnings.pdf (revisado el 14 de junio de 2013).

3. ThinkExist.com, "C. S. Lewis Quotes," http://thinkexist.com/ quotation/you_are_never_too_old_to_set_another_goal_or_to/ 201591.html (consultado en línea el 14 de junio de 2013).

Capítulo 7
La difamación

1. Sharon J. Huntington, "From Shells and Spice to Shekels and Mites," *Christian Science Monitor*, 25 de noviembre, 2003, http://www.csmonitor.com/2003/1125/p14s02-hfks.html (consultado en línea el 14 de junio de 2013).

2. Merriam-Webster.com, s.v. "undervalue," http://www
.merriam-webster.com/dictionary/undervalue (consultado en línea
el 14 de junio de 2013).

3. Pfeiffer, Vos, and Rea, eds., *Wycliffe Bible Dictionary*, s.v.
"Midian."

Capítulo 10
Listo para un arreglo

1. Nahum M. Sarna, *The JPS Torah Commentary: Genesis* (Je-
rusalem: The Jewish Publication Society, 1989), 121.

Capítulo 13
La atadura de la amargura

1. William D. Mounce, *The Analytical Lexicon to the Greek
New Testament* (Grand Rapids, MI: Zondervan Publishing Company, 1993), 207.

2. ThinkExist.com, "Lewis B. Smedes Quotes," http://
thinkexist.com/quotation/to_forgive_is_to_set_a_prisoner_free_
and_discover/214491.html (consultado en línea el 17 de junio de
2013).

EQUÍPATE CON EL
ARMA MÁS PODEROSA

CARACTERÍSTICAS Y BENEFICIOS

- Versión Reina-Valera 1960 (la versión de la Biblia más leída en español).

- Incluye materiales adicionales de estudio, escritos por más de veinte líderes y autores cristianos de renombre.

- Provee información práctica para prepararte y equiparte en la guerra espiritual.

- Contiene herramientas de entrenamiento para la guerra espiritual, tanto para el estudio individual así como para grupos pequeños.

- Incluye referencias y mapas a color.

La **Biblia para la guerra espiritual**, te ayudará a prepararte y equiparte como un guerrero espiritual

CASA CREACIÓN

ADQUIÉRELA EN CUALQUIER TIENDA DE LIBROS

REINA-VALERA 1960